FEMINISMO
PARA
OS 99%
UM MANIFESTO

CINZIA ARRUZZA
TITHI BHATTACHARYA
NANCY FRASER

FEMINISMO PARA OS 99%
UM MANIFESTO

Tradução
Heci Regina Candiani

© 2019, Boitempo (desta edição)
© 2019, Gius. Laterza & Figli
Todos os direitos reservados
Título original: *Feminism for the 99 Percent: a Manifesto*

Direção geral Ivana Jinkings
Edição Isabella Marcatti
Tradução Heci Regina Candiani
Preparação Thais Rimkus
Revisão Carmen T. S. Costa
Coordenação de produção Livia Campos
Capa Hallina Beltrão
Diagramação Antonio Kehl

Equipe de apoio: Ana Carolina Meira, Ana Yumi Kajiki, André Albert, Artur Renzo, Bibiana Leme, Camila Nakazone, Clarissa Bongiovanni, Eduardo Marques, Elaine Ramos, Frederico Indiani, Heleni Andrade, Ivam Oliveira, Kim Doria, Luciana Capelli, Marlene Baptista, Maurício Barbosa, Raí Alves, Renato Soares, Talita Lima, Tulio Candiotto

A Boitempo agradece a Nathalie Bressiani, Yara Frateschi, Agnese Gualdrini, Paula Marian, Talíria Petrone, Muriel Saragoussi, Rogério Sottili e Joênia Wapichana, que colaboraram para a realização desta edição.

CIP-BRASIL. CATALOGAÇÃO NA PUBLICAÇÃO
SINDICATO NACIONAL DOS EDITORES DE LIVROS, RJ

A821f

Arruzza, Cinzia, 1976-
Feminismo para os 99% : um manifesto / Cinzia Arruzza, Tithi Bhattacharya, Nancy Fraser ; tradução Heci Regina Candiani. - 1. ed. - São Paulo : Boitempo, 2019.
128 p. ; 23 cm.

Tradução de: Feminism for the 99% : a manifesto
"Prefácio à edição brasileira de Talíria Petrone"
ISBN 978-85-7559-680-7

1. Feminismo. 2. Mulheres - História. 3. Mulheres - Condições sociais. história. I. Bhattacharya, Tithi. II. Fraser, Nancy. III. Candiani, Heci Regina. IV. Título.

19-55008

CDD: 305.42
CDU: 141.72

Meri Gleice Rodrigues de Souza - Bibliotecária CRB-7/6439

É vedada a reprodução de qualquer parte deste livro sem a expressa autorização da editora.

1ª edição: fevereiro de 2019; 1ª reimpressão: julho de 2019
2ª reimpressão: outubro de 2019; 3ª reimpressão: fevereiro de 2020
4ª reimpressão: março de 2021; 5ª reimpressão: janeiro de 2022

BOITEMPO
Jinkings Editores Associados Ltda.
Rua Pereira Leite, 373
05442-000 São Paulo SP
Tel.: (11) 3875-7250 / 3875-7285
editor@boitempoeditorial.com.br
boitempoeditorial.com.br | blogdaboitempo.com.br
facebook.com/boitempo | twitter.com/editoraboitempo
youtube.com/tvboitempo | instagram.com/boitempo

Para o coletivo Combahee River, que anteviu o percurso desde cedo, e para as grevistas feministas polonesas e argentinas, que estão abrindo novos caminhos hoje.

Sumário

Prefácio à edição brasileira, *Talíria Petrone*.........................11

Encruzilhada 25

Tese 1: Uma nova onda feminista está reinventando
a greve. 31

Tese 2: O feminismo liberal está falido. É hora de
superá-lo. 37

Tese 3: Precisamos de um feminismo anticapitalista – um
feminismo para os 99%. 41

Tese 4: Vivemos uma crise da sociedade como um todo –
e sua causa originária é o capitalismo. 45

Tese 5: A opressão de gênero nas sociedades capitalistas
está enraizada na subordinação da reprodução social à
produção que visa ao lucro. Queremos subverter as
coisas na direção certa. 51

Tese 6: A violência de gênero assume muitas formas, sempre enredadas nas relações sociais capitalistas. Prometemos combater todas elas. 57

Tese 7: O capitalismo tenta regular a sexualidade. Nós queremos libertá-la. 67

Tese 8: O capitalismo nasceu da violência racista e colonial. O feminismo para os 99% é antirracista e anti-imperialista. 75

Tese 9: Lutando para reverter a destruição da Terra pelo capital, o feminismo para os 99% é ecossocialista. 83

Tese 10: O capitalismo é incompatível com a verdadeira democracia e a paz. Nossa resposta é o internacionalismo feminista. 87

Tese 11: O feminismo para os 99% convoca todos os movimentos radicais a se unir em uma insurgência anticapitalista comum. 93

Posfácio 97
    Começando pelo meio...97
    Conceituando novamente o capitalismo e suas crises ..101
    O que é reprodução social? 105
    Crise da reprodução social 111
    A política do feminismo para os 99% 118

Sobre as autoras..125

Prefácio à edição brasileira

Talíria Petrone

> A tontura da fome é pior do que a do álcool. A tontura do álcool nos impele a cantar. Mas a da fome nos faz tremer. Percebi que é horrível ter só ar dentro do estômago. [...] Eu escrevia as peças e apresentava aos diretores de circos. Eles respondia-me: – É pena você ser preta. Esquecendo eles que eu adoro minha pele negra e meu cabelo rústico. [...] Se é que existe reincarnações, eu quero voltar sempre preta.
>
> Carolina Maria de Jesus,
> *Quarto de despejo: diário de uma favelada*

Carolina torna menos difícil a tarefa de escrever este prefácio em um momento que exige de nós, mulheres feministas e anticapitalistas, tanta responsabilidade. Mulher, negra, favelada, mãe de três filhos criados sem pai presente, como tantas mulheres brasileiras, Carolina foi uma das maiores escritoras do Brasil. No entanto, suas obras raramente são estudadas na escola, sua história raramente é contada e sua resistência é silenciada. Carolina é exemplo da urgência de reflexões, necessariamente articuladas, sobre raça, sexo, gênero e classe. Eu mesma conheci Carolina muito depois de formada professora, ao mesmo tempo que se deu a consolidação da minha identidade negra – que também chegou tão tardiamente. Carolina de Jesus diz muito de um feminismo profundamente necessário. Mulheres como ela não podem ficar fora do nosso feminismo.

O feminismo é uma urgência no mundo. O feminismo é uma urgência na América Latina. O feminismo é uma urgência no Brasil. Mas é preciso afirmar que nem todo feminismo liberta, emancipa, acolhe o conjunto de mulheres que carregam tantas dores nas costas. E não é possível que nosso feminismo deixe corpos pelo caminho. Não há liberdade possível se a maioria das mulheres não couber nela. É disso que trata este potente e necessário manifesto escrito por Cinzia Arruzza, Tithi Bhattacharya e Nancy Fraser. Da maioria das mulheres. Das 99%.

Nosso feminismo é sobre mulheres como Dona Nininha. Chefe de família, arrimo de filhos e netos, trabalhou a vida inteira como trabalhadora doméstica para construir a casa onde viveu com a família numa favela em Niterói, região metropolitana do Rio de Janeiro. A chuva fez desabar um trecho da escadaria de acesso ao morro e sua casa foi atingida pelos escombros, pela lama e pelo perigo de desmoronamento. Dona Nininha morreu de desgosto, com depressão, vinte quilos mais magra, cerca de um ano depois de ter lutado incessantemente por uma obra emergencial em sua comunidade, obra que nunca chegou a ver. Mulher, negra, favelada, Dona Nininha não suportou o desprezo do Estado por sua vida e a de seus familiares. Nosso feminismo não pode ignorar que no Brasil 34,5% da população urbana vive em assentamentos precários, sendo a maioria de mulheres e negras que estão à frente desses lares. Nosso feminismo precisa enfrentar a pobreza. A pobreza no Brasil é feminina e negra. O feminismo das 99% é anticapitalista.

Nosso feminismo é sobre mulheres como Joselita. No dia 28 de novembro de 2015, 111 balas foram disparadas por policiais em um único veículo. Cinco jovens foram assassinados na tragédia conhecida como Chacina de Costa Barros, ocorrida no subúrbio do Rio de Janeiro. Pouco tempo depois, Joselita, mãe de Roberto, um dos jovens assassinados, faleceu com diagnóstico de anemia e pneumonia. Segundo a família, foi tristeza. Mulher, negra, pobre, mãe. Nosso feminismo não pode ignorar que no Brasil mais de 30 mil jovens são assassinados por ano. Mais de 70% deles são negros e pobres. As mães têm sua vida e alegria interrompidas. Nosso feminismo é necessariamente contra a militarização da vida e o genocídio dos corpos negros, filhos de mulheres negras,

14

que tombam, em especial, pelas mãos do Estado. O feminismo das 99% é antirracista.

Nosso feminismo é sobre mulheres indígenas, caiçaras, camponesas, ribeirinhas, quilombolas e não pode ignorar que o Brasil é o país que mais assassina defensores de direitos humanos do mundo, em especial ligados à luta pelo território e pela justiça ambiental. Nosso feminismo anda de mãos dadas com mulheres como Sônia, atropelada por um caminhão madeireiro, no Maranhão, por lutar contra práticas ilegais de extração de madeira no território do seu povo. Segundo a Comissão Pastoral da Terra, 157 pessoas foram assassinadas nas últimas três décadas apenas no Estado do Maranhão em conflitos no campo. Nosso feminismo não pode prescindir de lutar pelo bem viver, pela justiça ecológica e pela superação da separação, que remete aos tempos coloniais no Sul global, entre homens, mulheres e natureza. No país em que a maior parte dos alimentos é envenenada, em que a soberania e saberes dos povos tradicionais são aniquilados, é preciso afirmar que nosso feminismo é indissociável da perspectiva ecológica do bem viver. O feminismo das 99% é ecossocialista.

Nosso feminismo é sobre Luana, mulher, negra, periférica e lésbica, espancada e morta porque se recusou a ser revistada por policiais homens, no Estado de São Paulo. É sobre as tantas transexuais e travestis assassinadas, a maioria negra, pobre, sem direito à vida, no país recorde de assassinatos de pessoas transexuais e onde se mata e estupra "corretivamente" mulheres lésbicas e se nega o direito de bissexuais amarem. O feminismo das 99% é antiLGBTfóbico.

Nosso feminismo é sobre as trabalhadoras domésticas. Aqui no Brasil, apenas em 2015 os direitos básicos, como férias remuneradas, foram estendidos às trabalhadoras domésticas. No país que ainda tem "quartinho de empregada", não é possível um feminismo que não enfrente radicalmente, frontalmente, a exploração daquelas, majoritariamente negras, que no silêncio dos lares ricos brasileiros experimentam no corpo uma nova forma de escravidão. O feminismo das 99% articula necessariamente raça e etnia, gênero e classe.

Este manifesto é carregado de necessárias provocações. Vivemos nos últimos anos uma nova primavera feminista, que exige que a gente se debruce sobre os rumos da nossa luta. Com quais mulheres os feminismos diversos dialogam? Que mulheres estão convencidas sobre a importância do feminismo? De que mulheres tratam os feminismos? Quais mulheres seguem ainda guetificadas e marginalizadas nos feminismos? O feminismo das 99% não prescinde desses questionamentos, justamente porque reconhece sua urgência.

E nosso feminismo só será mesmo urgente se for por inteiro palpável e real para a maioria das mulheres brasileiras e do mundo. Se for popular e verdadeiramente emancipador. Esse precisa ser um compromisso teórico, político e prático do feminismo para as 99%. Esse manifesto é um chamado para um feminismo vivo e pela vida, pela dignidade, pela felicidade da maioria das mulheres.

A formação da sociedade brasileira foi marcada por desigualdades sociais, étnico-raciais e de gênero que permanecem muito presentes. Nos mais de trezentos anos de escravidão, o predomínio de uma elite agrária, proprietária e branca como grupo social dominante produziu profundas violências para as mulheres e especialmente para as mulheres negras e indígenas. O patriarcalismo e a escravidão são constitutivos da sociabilidade burguesa, possuindo expressões específicas em lugares como o Brasil e outros territórios colonizados.

A consolidação do sistema capitalista no mundo está imbricada com a invasão e a dominação dos territórios latino-americanos e a imposição ao mundo de um modelo de ser humano universal moderno que corresponde, na prática, ao homem, branco, patriarcal, heterossexual, cristão, proprietário. Um modelo que deixa de fora diversas faces e sujeitos, em especial as mulheres. O feminismo das 99% não se furta do esforço de romper com essa lógica colonizadora.

Até mesmo porque, mesmo com o fim histórico da colonização, esse modelo de "universalidade" persiste. Os grupos sociais que assumiram o poder nos processos de independência latino-americanos representavam, em geral, a minoria branca e proprietária da sociedade. Se o regime colonial foi rompido, não houve ruptura com as relações coloniais de poder. E por isso nosso feminismo também precisa questionar fortemente a concepção universalista de mulher.

Para as mulheres negras e indígenas, a realidade brasileira e latino-americana em geral é de segregação e marginalização. No Brasil, o avanço do agronegócio e do modelo extrativista da monocultura, somado a uma série de retrocessos na luta pela demarcação das terras indígenas e quilombolas, mostra a necessidade de o nosso feminismo incorporar a luta por um outro modelo de desenvolvimento que enfrente a predatória lógica produtivista e de expropriação da terra e do território de povos originários, tão parte do modelo colonial que sustenta o capitalismo. A lógica militarizada de vida que mata e encarcera corpos de homens e mulheres negros e pobres, a submissão de pessoas negras, em especial mulheres, aos trabalhos mais precários, à informalidade e à pobreza precisam ser enfrentadas pelo feminismo das 99%.

Este livro será para nós instrumento de resistência a tudo que nos explora e oprime. O capitalismo é a barbárie. Transforma tudo em mercadoria: corpos, talentos, fé, trabalho, amor, desejos, mulheres. Não nos serve, por isso, o feminismo neoliberal que não tem como horizonte a superação, por exemplo, da exploração de trabalhadoras domésticas, de mulheres como Dona Nininha. Por isso, o feminismo das 99% é radicalmente anticapitalista. Do mesmo modo, é preciso reconhecer que muitas das formulações anticapitalistas não partem de uma classe trabalhadora concreta: mulher, negra, indígena, vivendo em territórios militarizados e com seus povos perseguidos.

Este manifesto chega às nossas mãos no momento de uma esticada crise do capitalismo que precisa ser mais debatida e mais bem compreendida em suas contradições. Pois é justamente nesta fase de crise que se acentuam a desigualdade e a concentração de renda, com os ricos cada vez mais ricos e os pobres cada vez mais pobres. Em todo o mundo, observa-se um giro do neoliberalismo para um novo período marcado por práticas de selvageria do mercado e de ascensão de governos comprometidos com a sanha desse projeto do capital de recuperação das antigas margens de lucro. O cenário da crise tem se mostrado propício à retomada de projetos políticos em diversos países, do primeiro mundo e periféricos, alinhados com um neofascismo a serviço do capital.

A urgência do feminismo para os 99% se potencializa neste momento de crise do capitalismo e ascensão internacional da extrema direita. O contexto internacional apresenta o avanço de um reacionarismo perigoso, que ganha força em países europeus como a França, em que Marine Le Pen, da Frente

Nacional, teve relevância na campanha eleitoral no último ano. Nos Estados Unidos, o presidente eleito pelo Partido Republicano em 2016, Donald Trump, não faz quaisquer restrições em suas posições e declarações racistas, xenófobas, machistas. Na Argentina, o atual presidente Mauricio Macri, embora muito associado a uma direita mais liberal, tem fortes características xenófobas. No Brasil, a eleição de Jair Bolsonaro e o crescimento de um setor de extrema direita, que se apropria de desigualdades e opressões históricas, enraizadas no imaginário social, torna a luta feminista mais que necessária. (Nesse sentido, o caso do Brasil é emblemático: nas eleições de 2018, vira presidente um ex-militar apoiado pela indústria do armamento, igrejas fundamentalistas, latifundiários... E por um tal movimento integralista de ideário francamente nazifascista. O novo presidente brasileiro, Jair Bolsonaro, assumiu com um discurso abertamente retrógrado, contra o "politicamente correto" e com medidas iniciais que ameaçam direta e concretamente mulheres, negros, indígenas, pessoas com deficiência, animais e a floresta amazônica. No país onde são negras 70% das mais de 60 mil pessoas assassinadas por ano e onde pelo menos uma pessoa trans é assassinada por dia, Bolsonaro acaba de autorizar a compra de até quatro armas por indivíduo. Só nos primeiros 11 dias de 2019, foram assassinadas 33 mulheres no Brasil; somadas às 17 que sobreviveram a tentativas de feminicídio nesse mesmo período, dá uma média de 5 casos a cada 24 horas. O horizonte é sombriamente ameaçador e exige um novo patamar de organização da luta de resistência.)

Nosso feminismo das 99% é internacionalista.

Nenhum momento poderia ser mais propício para o lançamento deste livro, escrito pelas companheiras Cinzia Arruzza, Tithi Bhattacharya e Nancy Fraser. É um manifesto, uma provocação, um chamado à luta feminista anticapitalista, ecossocialista, antirracista, internacionalista.

O feminismo que nos interessa é o feminismo compromissado com o direito à vida, com o bem viver, com a liberdade caracterizada pela responsabilidade com o outro e com a natureza. Porque nem todo feminismo serve a todas as mulheres, à humanidade, ao planeta. Precisamos avançar contra o feminismo do 1% que detém mais da metade da riqueza deste mundo às custas da exploração e da opressão da maioria.

Este manifesto é um instrumento a serviço das lutas das mulheres que sofrem cotidianamente no corpo a barbárie que sustenta o capitalismo. Da nossa radicalidade depende a própria sobrevivência e a dignidade dos 99% dos quais fazemos parte. Não nos calaremos. Temos lado. Não vamos arredar o pé das ruas.

Se este manifesto é planetário, como um dia foi o *Manifesto* de Marx e de Engels, também, como aquele, é revolucionário.

Propõe as mulheres como protagonistas de uma luta pela derrubada do capitalismo para a ascensão de um modelo pautado pela igualdade entre gêneros, raça e classe.

Se este prefácio se inicia com uma homenagem à Carolina de Jesus, nada mais justo e bonito que termine em memória de Marielle Franco. Se estivesse viva, a feminista e vereadora do Rio de Janeiro, mulher, negra, socialista, que amava mulheres, favelada, que carregava no seu corpo esse feminismo que queremos e estamos construindo, seria, certamente, parte, com entusiasmo, deste documento. Marielle encarnava no seu corpo, na sua história e nas suas lutas as pautas desse movimento feminista das 99%, internacionalista, anticapitalista e antirracista. Em vida, Marielle nunca se ausentou de um ato feminista sequer contra os golpes políticos, contra os cortes de direitos, contra o genocídio negro, pela descriminalização do aborto, pela vida das mulheres. Não por acaso foi assassinada, com quatro tiros nesse corpo socialista e libertário, um ano antes do lançamento deste livro, em 14 de março de 2018. Embora as investigações ainda não tenham sido concluídas, é possível afirmar que tramaram e executaram o plano de sua morte, em conluio, políticos e agentes do Estado envolvidos em milícias para-estatais. Mataram o seu corpo. O seu espírito de luta, não.

E este livro, de certo modo, é um manifesto que honra Marielle e todas as mulheres que como ela têm ido às ruas para tentar salvar a humanidade e o planeta. Marielle sempre citava a mensagem ubuntu "eu sou porque nós somos". Essa frase tem tudo a ver com a luta a que nos convoca este manifesto: mulheres de todo o mundo, uni-vos!

UM MANIFESTO

Encruzilhada

Na primavera de 2018, a diretora de operações do Facebook, Sheryl Sandberg, disse ao mundo que "estaríamos em uma situação muito melhor se metade dos países e das empresas fosse administrada por mulheres e metade de todos os lares fosse administrada por homens" e que "não deveríamos ficar satisfeitas até atingirmos esse objetivo". Líder expoente do feminismo corporativo, Sandberg já havia obtido renome (e dinheiro) ao exortar mulheres executivas a "fazer acontecer" [*lean in*] em reuniões de diretoria. Na condição de ex-chefe de gabinete do secretário do Tesouro dos Estados Unidos, Larry Summers – homem que suprimiu a regulamentação a Wall Street –, ela não tinha receio de dar às mulheres o conselho de que o sucesso conquistado por meio de uma atitude firme no mundo dos negócios era o caminho mais fácil para a igualdade de gênero.

Naquela mesma primavera, uma combativa greve feminista parou a Espanha. Com a adesão de mais de 5 milhões de participantes à marcha, as organizadoras da *huelga feminista* de 24 horas exigiam "uma sociedade livre da opressão sexista, da exploração e da violência [...] por rebelião e luta contra a aliança entre o patriarcado e o capitalismo que nos quer obedientes, submissas e caladas". Enquanto o sol se punha em Madri e Barcelona, as grevistas feministas anunciavam ao mundo: "Em 8 de março, cruzaremos os braços, interrompe[ndo] todas as atividades produtivas e reprodutivas", declarando que não "aceitariam condições de trabalho piores nem receber menos do que os homens pelo mesmo trabalho".

Essas duas vozes representam vertentes opostas para o movimento feminista. De um lado, Sandberg e sua laia veem o feminismo como serviçal do capitalismo. Querem um mundo onde a tarefa de administrar a exploração no local de trabalho e a opressão no todo social seja compartilhada igualmente por homens e mulheres da classe dominante. Esta é uma visão notável da *dominação com oportunidades iguais*: aquela que pede que pessoas comuns, em nome do feminismo, sejam gratas por ser uma mulher, não um homem, a desmantelar seu sindicato, a ordenar que um *drone* mate seu pai ou sua mãe ou a trancar seus filhos em uma jaula na fronteira. Em nítida contraposição ao feminismo liberal de Sandberg, as organizadoras da *huelga feminista* insistem em *pôr fim ao capitalismo*: o sistema que cria o chefe, produz as fronteiras nacionais e fabrica os *drones* que as vigiam.

Confrontadas com essas duas visões de feminismo, nos encontramos em uma encruzilhada, e, dependendo de nossa escolha, há dois horizontes para a humanidade. Um caminho conduz a um planeta arrasado, no qual a vida humana é depauperada a ponto de se tornar irreconhecível – se é que ela permanece possível. O outro aponta para um tipo de mundo que sempre figurou nos sonhos mais elevados: um mundo justo cuja riqueza e os recursos naturais sejam compartilhados por todos e onde a igualdade e a liberdade sejam premissas, não aspirações.

O contraste não poderia ser mais extremo. No entanto, o que torna a escolha urgente para nós neste momento é a ausência de qualquer caminho intermediário viável. Devemos a escassez de alternativas ao neoliberalismo: essa forma extremamente predatória e financeirizada do capitalismo que imperou mundo afora pelos últimos quarenta anos. Após ter envenenado a atmosfera, ridicularizado toda intenção de governo democrático, distendido nossas capacidades sociais ao ponto de ruptura e piorado as condições de vida em geral para a vasta maioria das pessoas, essa versão do capitalismo ampliou as perdas de todas as lutas sociais, transformando esforços sensatos por reformas modestas em batalhas campais por sobrevivência. Sob tais condições, o tempo de ficar em cima do muro passou, e as feministas devem assumir uma posição: continuaremos a buscar "oportunidades iguais de dominação" enquanto o planeta queima? Ou vamos voltar a imaginar a justiça de gênero em um modelo anticapitalista – aquele que conduz para além da crise atual, para uma nova sociedade?

Este manifesto é um guia para o segundo caminho, uma rota que julgamos tanto necessária quanto factível. Um feminismo anticapitalista se tornou imaginável na atualidade, em parte porque, ao redor do mundo, a credibilidade política das elites está desmoronando. As perdas incluem não apenas os partidos de centro-esquerda e de centro-direita que promoveram o neo-liberalismo – agora restos desprezados do que foram no passa-do –, mas também suas aliadas feministas ao estilo Sandberg, cujo verniz "progressista" perdeu o brilho. O feminismo li-beral enfrentou sua grande derrota na eleição presidencial de 2016 nos Estados Unidos, quando a tão alardeada candidatura de Hillary Clinton não conseguiu entusiasmar as eleitoras. E por um bom motivo: Clinton personificou a dissociação cada vez mais profunda entre a ascensão de mulheres da elite a altos cargos e as melhorias na vida da vasta maioria.

A derrota de Clinton é nosso sinal de alerta. Ao expor a fa-lência do feminismo liberal, ela criou uma abertura para sua contestação pela esquerda. No vácuo produzido pelo declínio do liberalismo, temos a oportunidade de construir outro fe-minismo: um feminismo que traz uma definição diferente do que conta como questão feminista, uma orientação de classe diferente, um *éthos* diferente – radical e transformador.

Este manifesto é nossa iniciativa para promover esse "outro" feminismo. Não escrevemos para delinear uma utopia imaginada, mas para assinalar a via a ser percorrida a fim de alcançar uma sociedade justa. Nosso objetivo é explicar por que as feministas devem escolher o caminho das greves feministas, por que devemos nos unir a outros movimentos anticapitalistas e contrários ao sistema, por que nosso movimento deve se tornar um *feminismo para os 99%*. Apenas dessa forma – pela associação com ativistas antirracistas, ambientalistas e pelos direitos trabalhistas e de imigrantes – o feminismo pode se mostrar à altura dos desafios atuais. Pela rejeição decidida do dogma de "fazer acontecer" e do feminismo para o 1%, *nosso* feminismo pode se tornar um raio de esperança para todas as outras pessoas.

O que nos dá coragem para embarcar nesse projeto é a nova onda de ativismo feminista combativo. Este não é um feminismo corporativo, que se mostrou tão desastroso para as mulheres da classe trabalhadora e agora sofre uma hemorragia de credibilidade, nem é o "feminismo de microcrédito", que alega "empoderar" mulheres do Sul global ao emprestar-lhes montantes irrisórios de dinheiro. Em vez disso, o que nos traz esperança são as greves feministas feitas por mulheres em 2017 e 2018. São essas greves e os movimentos cada vez mais coordenados que estão se desenvolvendo em torno delas que inspiraram inicialmente – e agora corporificam – um feminismo para os 99%.

Tese 1: Uma nova onda feminista está reinventando a greve.

O recente movimento grevista feminista começou na Polônia, em outubro de 2016, quando mais de 100 mil mulheres organizaram paralisações e marchas em oposição à proibição do aborto no país. No fim do mês, a ressurgência dessa recusa radical já havia atravessado o oceano e chegado à Argentina, onde mulheres grevistas enfrentaram o perverso assassinato de Lucía Pérez com o grito combativo *"Ni una menos"*, que logo se espalhou por países como Itália, Espanha, Brasil, Turquia, Peru, Estados Unidos, México, Chile e dezenas de outros. A partir das ruas, o movimento cresceu em locais de trabalho e escolas, tomando conta da indústria do entretenimento, da mídia e da política. Ao longo dos últimos dois anos, seus lemas repercutiram intensamente pelo globo: #NosotrasParamos, #WeStrike, #VivasNosQueremos, #NiUnaMenos, #TimesUp, #Feminism4the99. No início uma marola, depois uma onda, então uma enorme corrente: um novo movimento feminista global que pode adquirir força suficiente para romper alianças vigentes e alterar o mapa político.

O que havia sido uma série de ações nacionais se tornou um movimento transnacional em 8 de março de 2017, quando organizadoras de todo o globo decidiram entrar em greve juntas. Com esse golpe corajoso, elas politizaram novamente o Dia Internacional das Mulheres. Colocando de lado as quinquilharias cafonas da despolitização – as flores, os cartões e as mensagens de felicitação –, as grevistas restabeleceram as raízes históricas quase esquecidas dessa data: a classe trabalhadora e o feminismo socialista. Suas ações evocam o espírito de mobilização das mulheres da classe trabalhadora do início do século XX – de forma pragmática, greves e manifestações em massa, na maioria conduzidas por mulheres imigrantes e judias nos Estados Unidos, que inspiraram as socialistas estadunidenses a organizar o primeiro Dia Nacional da Mulher e as socialistas alemãs Luise Zietz e Clara Zetkin a convocar um Dia Internacional das Mulheres da Classe Trabalhadora.

Reanimando aquele espírito combativo, as greves feministas de hoje estão recuperando nossas raízes nas lutas históricas pelos direitos da classe trabalhadora e pela justiça social. Unindo mulheres separadas por oceanos, montanhas e continentes, bem como por fronteiras, cercas de arame farpado e muros, elas dão um novo significado ao lema "Solidariedade é nossa arma". Abrindo caminho em meio ao isolamento dos muros internos e simbólicos, as greves demonstram o enorme potencial político do poder das mulheres: *o poder daquelas cujo trabalho remunerado e não remunerado sustenta o mundo.*

Isso, no entanto, não é tudo: esse movimento emergente inventou *novas formas de greve* e impregnou o modelo da greve em si com um *novo tipo de política.* Ao conjugar a paralisação do trabalho com marchas, manifestações, fechamento de pequenos comércios, bloqueios e boicotes, o movimento está renovando o repertório de ações de greve, amplo no passado, mas drasticamente reduzido por uma ofensiva neoliberal de décadas de duração. Ao mesmo tempo, essa nova onda democratiza as greves e expande sua abrangência – acima de tudo, por ampliar a própria ideia do que é considerado "trabalho". Recusando-se a limitar essa categoria ao trabalho assalariado, o ativismo das mulheres grevistas também bate em retirada do trabalho doméstico, do sexo e dos sorrisos. Ao tornar visível *o papel indispensável desempenhado pelo trabalho determinado pelo gênero e não remunerado na sociedade capitalista,* esse ativismo chama atenção para atividades das quais o capital se beneficia, mas pelas quais não paga. E, no que diz respeito a trabalho remunerado, as grevistas adotam uma visão abrangente sobre o que é considerado questão trabalhista. Longe de se concentrar apenas em salários e jornadas, elas também têm como alvo o assédio e a agressão sexual, as barreiras à justiça reprodutiva e a repressão ao direito de greve.

Como consequência, a nova onda feminista tem potencial para superar a oposição obstinada e dissociadora entre "política identitária" e "política de classe". Desvelando a unidade entre "local de trabalho" e "vida privada", essa onda se recusa a limitar suas lutas a um desses espaços. E, ao redefinir o que é considerado "trabalho" e quem é considerado "trabalhador", rejeita a subvalorização estrutural do trabalho – tanto remunerado como não remunerado – das mulheres no capitalismo. No geral, o feminismo das grevistas antecipa a possibilidade de uma fase nova e sem precedentes da luta de classes: feminista, internacionalista, ambientalista e antirracista.

Essa intervenção é oportuna. A militância das mulheres grevistas irrompeu em um momento em que sindicatos anteriormente poderosos, baseados na produção fabril, foram bastante enfraquecidos. Para revitalizar a luta de classes, as ativistas se voltaram para outra arena: a agressão neoliberal ao sistema de saúde, à educação, às pensões e à habitação. Ao atingir essa outra ponta das quatro décadas de ataque do capital contra as condições de vida da classe trabalhadora e da classe média, elas exercitaram suas visões sobre trabalhos e serviços que são necessários para sustentar seres humanos e comunidades sociais. É aqui, na esfera da "reprodução social", que hoje encontramos muitas das mais combativas greves e resistências. Da onda grevista de professoras e professores nos Estados Unidos à luta contra a privatização da água na Irlanda e às greves de *dalits* coletores e coletoras de lixo na Índia – todas conduzidas e impulsionadas por mulheres –, a classe trabalhadora está se revoltando contra o ataque do capital à reprodução social. Embora não formalmente afiliadas ao movimento da Greve Internacional de Mulheres, essas greves têm muito em comum com ele. Também elas valorizam o trabalho necessário para reproduzir nossa vida ao mesmo tempo que se opõem a sua exploração; também elas combinam reivindicações salariais e relativas aos locais de trabalho com reivindicações de aumento de gastos públicos em serviços sociais.

Além disso, em países como Argentina, Espanha e Itália, o feminismo da greve de mulheres atraiu um amplo apoio de forças que se opõem à austeridade. Não apenas mulheres e pessoas que não se alinham à conformidade de gênero, mas também homens, se uniram às grandes manifestações do movimento contra a retirada de fundos para escolas, saúde pública, habitação, transporte e proteções ambientais. Assim, por meio da oposição ao ataque do capital financeiro a esses "bens públicos", as greves feministas estão se tornando o catalisador e o modelo para iniciativas abrangentes a defender nossas comunidades.

Em resumo, a nova onda de ativismo feminista combativo está redescobrindo a ideia do impossível, reivindicando tanto pão como rosas: o pão que décadas de neoliberalismo tiraram de nossas mesas, mas também a beleza que nutre nosso espírito por meio da euforia da rebelião.

Tese 2: O feminismo liberal está falido. É hora de superá-lo.

A grande mídia continua a equiparar o *feminismo*, em si, com o *feminismo liberal*. Longe de oferecer uma solução, contudo, o feminismo liberal é parte do problema. Centrado no Norte global, entre a camada gerencial-profissional, ele está voltado para a "imposição" e a "quebra do telhado de vidro". Dedicado a permitir que um pequeno número de mulheres privilegiadas escale a hierarquia corporativa e os escalões das Forças Armadas, esse feminismo propõe uma visão de igualdade baseada no mercado, que se harmoniza perfeitamente com o entusiasmo corporativo vigente pela "diversidade". Embora condene a "discriminação" e defenda a "liberdade de escolha", o feminismo liberal se recusa firmemente a tratar das restrições socioeconômicas que tornam a liberdade e o empoderamento impossíveis para uma ampla maioria de mulheres. Seu verdadeiro objetivo não é igualdade, mas meritocracia. Em vez de buscar abolir a hierarquia social, visa a "diversificá-la", "empoderando" mulheres "talentosas" para ascender ao topo. Ao tratar as mulheres como "grupo sub-representado", suas proponentes buscam garantir que algumas poucas almas privilegiadas alcancem cargos e salários iguais aos dos homens *de sua própria classe*. Por definição, as principais beneficiárias são aquelas que já contam com consideráveis vantagens sociais, culturais e econômicas. Todas as demais permanecem presas no porão.

Completamente compatível com a crescente desigualdade, o feminismo liberal terceiriza a opressão. Permite que mulheres em postos profissionais-gerenciais *façam acontecer* precisamente por possibilitar que elas *se apoiem* sobre mulheres imigrantes mal remuneradas a quem subcontratam para realizar o papel de cuidadoras e o trabalho doméstico. Insensível à classe e à etnia, esse feminismo vincula nossa causa ao elitismo e ao individualismo. Apresentando o feminismo como movimento "independente", ele nos associa a políticas que prejudicam a maioria e nos isolam das lutas que se opõem a essas políticas. Em resumo, o feminismo liberal difama o feminismo.

O *éthos* do feminismo liberal encontra-se não apenas com as convenções corporativas, mas também com as correntes supostamente "transgressoras" da cultura neoliberal. Seu caso de amor com o avanço individual permeia igualmente o mundo das celebridades das mídias sociais, que também confunde feminismo com ascensão de mulheres enquanto indivíduos. Nesse mundo, o "feminismo" corre o risco de se tornar uma *hashtag* do momento e um veículo de autopromoção, menos aplicado a libertar a maioria do que a promover a minoria.

Então, em geral, o feminismo liberal oferece o álibi perfeito para o neoliberalismo. Ocultando políticas regressivas sob uma aura de emancipação, ele permite que as forças que sustentam o capital global retratem a si mesmas como "progressistas". Aliado ao sistema financeiro global nos Estados Unidos, ao mesmo tempo que oferece cobertura à islamofobia na Europa, este é o feminismo das fêmeas detentoras de poder: gurus corporativas que pregam o "faça acontecer", burocratas do sexo feminino que impulsionam os ajustes estruturais e o microcrédito no Sul global, políticas profissionais que vestem terninhos e cobram cachês de seis dígitos para dar palestras para Wall Street.

Nossa resposta ao feminismo do *faça acontecer* é o feminismo *impeça que aconteça*. Não temos interesse em quebrar o telhado de vidro enquanto deixamos que a ampla maioria limpe os cacos. Longe de celebrar as CEOs que ocupam os escritórios mais luxuosos, queremos nos livrar de CEOs e de escritórios luxuosos.

Tese 3: Precisamos de um feminismo anticapitalista – um feminismo para os 99%.

O feminismo que temos em mente reconhece que deve responder a uma crise de proporções monumentais: padrões de vida em queda livre e desastre ecológico iminente; guerras desenfreadas e desapropriação intensificada; migrações em massa enfrentadas com arame farpado; racismo e xenofobia encorajados; e revogação de direitos – tanto sociais como políticos – duramente conquistados.

Aspiramos a enfrentar esses desafios. Evitando medidas parciais, o feminismo que vislumbramos tem como objetivo atacar as raízes capitalistas da barbárie metastática. Recusando-se a sacrificar o bem-estar da maioria a fim de proteger a liberdade da minoria, ele luta pelas necessidades e pelos direitos da maioria – das mulheres pobres e da classe trabalhadora, das mulheres racializadas e das migrantes, das mulheres *queer*, das trans e das mulheres com deficiência, das mulheres encorajadas a enxergar a si mesmas como integrantes da "classe média" enquanto o capital as explora. E isso não é tudo. Esse feminismo não se limita às "questões das mulheres" como tem sido tradicionalmente definido. Defendendo todas as pessoas que são exploradas, dominadas e oprimidas, ele tem como objetivo se tornar uma fonte de esperança para a humanidade. É por isso que o chamamos *feminismo para os 99%*.

Inspirado pela nova onda de greves de mulheres, o feminismo para os 99% está emergindo do cadinho da experiência prática, tanto quanto possível influenciada pela reflexão teórica. Enquanto o neoliberalismo remodela a opressão de gênero diante de nossos olhos, vemos que a única maneira de as mulheres e as pessoas não alinhadas à conformidade de gênero atualizarem os direitos que têm no papel ou que ainda podem conquistar é transformando o sistema social subjacente que oculta nossos direitos. O aborto legal, em si, faz pouco pelas mulheres pobres e da classe trabalhadora que não têm nem recursos para pagar por ele nem acesso a clínicas que o realizam. Em vez disso, a justiça reprodutiva exige assistência à saúde gratuita, universal e não lucrativa, bem como o fim de práticas racistas e eugenistas na profissão médica. Da mesma maneira, para as mulheres pobres e da classe trabalhadora, a igualdade salarial pode significar apenas igualdade na miséria, a menos que venha com empregos que paguem pisos salariais generosos, com direitos trabalhistas substanciais, que possam ser reivindicados, e com uma nova organização do trabalho doméstico e do trabalho de cuidado. Então, as leis que criminalizam a violência de gênero também são uma farsa cruel se fazem vista grossa ao sexismo e ao racismo estruturais dos sistemas de justiça criminal, deixando intactos a brutalidade policial, o encarceramento em massa, as ameaças de deportação, as intervenções militares, o assédio e o abuso nos locais de trabalho. Por fim, a emancipação legal permanece uma casca oca se não inclui serviços públicos, programas sociais de habitação e recursos financeiros para garantir que as mulheres abandonem a violência doméstica e no local de trabalho.

Dessas e de outras maneiras, o feminismo para os 99% busca uma transformação social profunda e de longo alcance. Em outras palavras, é por isso que não pode ser um movimento separatista. Propomos, ao contrário, participar de todo movimento que combate a favor dos 99%, seja lutando por justiça ambiental, educação gratuita de alta qualidade, serviços públicos amplos, habitação de baixo custo, direitos trabalhistas, sistema de saúde gratuito e universal, seja batalhando por um mundo sem racismo nem guerra. É apenas ao se aliar a esses movimentos que conquistamos poder e visão para desmantelar as relações sociais e as instituições que nos oprimem.

O feminismo para os 99% abarca a luta de classes e o combate ao racismo institucional. Concentra os interesses das mulheres da classe trabalhadora de todos os tipos: racializadas, migrantes ou brancas; cis, trans ou não alinhadas à conformidade de gênero; que se ocupam da casa ou são trabalhadoras sexuais; remuneradas por hora, semana, mês ou nunca remuneradas; desempregadas ou subempregadas; jovens ou idosas. Incondicionalmente internacionalista, esse feminismo se opõe firmemente ao imperialismo e à guerra. *O feminismo para os 99% não é apenas antineoliberal, mas também anticapitalista.*

Tese 4: Vivemos uma crise da sociedade como um todo – e sua causa originária é o capitalismo.

Para analistas convencionais, 2007-2008 marcou o início da pior crise financeira desde os anos 1930. Embora até certo ponto correta, essa compreensão da atual situação é ainda muito limitada. Vivemos uma *crise da sociedade como um todo*. Absolutamente não restrita ao setor financeiro, é ao mesmo tempo uma crise da economia, da ecologia, da política e do "cuidado". Uma crise generalizada de toda uma forma de organização social, que está na base do *capitalismo* – em especial da forma brutalmente predatória do capitalismo que vivemos hoje: globalizado, financeirizado, neoliberal.

O capitalismo produz tais crises periodicamente – e por motivos que não são acidentais. O sistema não apenas vive da exploração do trabalho assalariado; ele também vive à custa da natureza, dos bens públicos e do trabalho não remunerado que reproduz os seres humanos e as comunidades. Baseado na busca incansável pelo lucro ilimitado, o capital se expande servindo-se de todas essas coisas sem pagar por sua substituição (exceto se é obrigado a fazer isso). Preparado por sua própria lógica para degradar a natureza, instrumentalizar os poderes públicos e recrutar o trabalho não remunerado do cuidado, o capital desestabiliza periodicamente as próprias condições das quais ele – e o resto de nós – depende para sobreviver. A crise está entranhada em seu DNA.

A atual crise do capitalismo é especialmente severa. Quatro décadas de neoliberalismo derrubaram os salários, enfraqueceram os direitos trabalhistas, devastaram o meio ambiente e usurparam as energias disponíveis para sustentar famílias e comunidades – tudo isso enquanto os tentáculos do sistema financeiro se espalhavam pelo tecido social. Não é de admirar, portanto, que as massas por todo o mundo agora digam "*Basta!*". Abertas a pensar de forma não convencional, elas estão rejeitando os partidos políticos estabelecidos e o senso comum neoliberal sobre a "competição do livre mercado", a "economia do gotejamento", a "flexibilidade do mercado de trabalho" e a "dívida insustentável". O resultado é um imenso vácuo de liderança e organização – e uma sensação crescente de que alguém deve ceder.

O feminismo para os 99% está entre as forças sociais que se lançaram nessa brecha. Nós, entretanto, não dominamos o terreno. Em vez disso, compartilhamos o palco com diversos péssimos atores. Por toda parte, movimentos arrivistas de direita prometem melhorar a situação das famílias da etnicidade, da nacionalidade e da religião "certas" colocando fim no "livre mercado", reduzindo a imigração e restringindo os direitos de mulheres, de pessoas de grupos étnicos minoritários e LGBTQ+. Enquanto isso, do outro lado, as correntes dominantes "da resistência progressista" propõem uma agenda igualmente repugnante. Em seus esforços para restaurar a situação anterior, partidários do sistema financeiro global esperam convencer feministas, antirracistas e ambientalistas a estreitar fileiras com seus "protetores" neoliberais e a abandonar projetos de transformação social mais ambiciosos e igualitários. As feministas para os 99% recusam essa proposta. Rejeitando não apenas o populismo reacionário, mas também seus oponentes progressistas neoliberais, *pretendemos identificar e confrontar diretamente a verdadeira origem da crise e da miséria, que é o capitalismo.*

Em outras palavras, para nós, a crise não é simplesmente uma época de sofrimento – menos ainda mero impasse na obtenção de lucros. É também, e fundamentalmente, um momento de despertar político e uma oportunidade de transformação social. Em tempos de crise, as massas críticas da população retiram seu apoio a quem detém o poder. Rejeitando a política conservadora, buscam novas ideias, organizações e alianças. Em tais situações, as questões candentes são: quem vai guiar o processo de transformação social? Segundo o interesse de quem? E com que fim?

Esse tipo de processo, pelo qual a crise generalizada conduz à reorganização social, ocorreu muitas vezes na história moderna – sobretudo em benefício do capital. Buscando restaurar a lucratividade, seus paladinos reinventaram o capitalismo repetidas vezes – não apenas reconfigurando a economia oficial, mas também a política, a reprodução social e nossa relação com a natureza não humana. Ao fazer isso, eles reorganizaram não apenas a exploração de classe, como também a opressão racial e de gênero, muitas vezes se apropriando de energias rebeldes (incluindo energias feministas) para projetos que beneficiam predominantemente o 1%.

Esse processo será repetido hoje? Historicamente, o 1% sempre foi indiferente aos interesses da sociedade ou da maioria. Hoje, porém, ele é especialmente perigoso. Em sua busca obstinada por lucros de curto prazo, ele falha não apenas ao avaliar a profundidade da crise, mas também a ameaça que ela representa, no longo prazo, à saúde do sistema capitalista em si: prefere perfurar em busca de petróleo agora a garantir as condições ecológicas para os próprios lucros futuros!

Como resultado, a crise que enfrentamos ameaça *o que conhecemos por vida*. A luta para superar a crise faz as mais fundamentais perguntas de organização social: onde vamos traçar a linha que delimita economia e sociedade, sociedade e natureza, produção e reprodução, trabalho e família? Como vamos usar o excedente social que produzimos coletivamente? E quem, exatamente, decidirá essas questões? Será que aqueles que buscam lucros vão conseguir transformar as contradições sociais do capitalismo em novas oportunidades para acumular riqueza privada? Será que vão cooptar as tendências importantes da rebelião feminista, ao mesmo tempo que reorganizam a hierarquia de gênero? Ou será que um levante em massa contra o capital será finalmente "o ato pelo qual a raça humana, viajando em um trem desgovernado, aciona a parada de emergência"? Nesse caso, será que as feministas estarão na dianteira desse levante?

Se pudermos opinar a esse respeito, a resposta à última pergunta será "sim".

Tese 5: A opressão de gênero nas sociedades capitalistas está enraizada na subordinação da reprodução social à produção que visa ao lucro. Queremos subverter as coisas na direção certa.

Muitas pessoas sabem que as sociedades capitalistas são, por definição, sociedades de classes que permitem a uma pequena minoria acumular lucros privados por meio da exploração de um grupo muito maior, que deve trabalhar por salários. O que é menos amplamente compreendido é que *sociedades capitalistas também são, por definição, a origem da opressão de gênero*. Longe de ser acidental, o sexismo está entranhado em sua própria estrutura.

O capitalismo certamente não inventou a subordinação das mulheres. Esta existiu sob diversas formas em todas as sociedades de classe anteriores. O capitalismo, porém, estabeleceu outros modelos, notadamente "modernos", de sexismo, sustentados pelas novas estruturas institucionais. *Seu movimento fundamental foi separar a produção de pessoas da obtenção de lucro, atribuir o primeiro trabalho às mulheres e subordiná-lo ao segundo.* Com esse golpe, o capitalismo reinventou a opressão das mulheres e, ao mesmo tempo, virou o mundo de cabeça para baixo.

A perversidade se torna nítida quando relembramos o quanto o trabalho de produção de pessoas é, na verdade, vital e complexo. Essa atividade não apenas cria e mantém a vida no sentido biológico, ela também cria e mantém nossa capacidade de trabalhar – ou o que Marx chamou de "força de trabalho". E isso significa moldar as pessoas com atitudes, disposições e valores, habilidades, competências e qualificações "certas". Em resumo, o trabalho de produção de pessoas supre algumas das precondições – materiais, sociais e culturais – fundamentais para a sociedade humana em geral e para a produção capitalista em particular. Sem ele, nem a vida nem a força de trabalho estariam encarnadas nos seres humanos.

Chamamos esse amplo corpo de atividade vital de *reprodução social*.

Nas sociedades capitalistas, o papel de fundamental importância da reprodução social é encoberto e renegado. Longe de ser valorizada por si mesma, a produção de pessoas é tratada como mero meio para gerar lucro. Como o capital evita pagar por esse trabalho, na medida do possível, ao mesmo tempo que trata o dinheiro como essência e finalidade supremas, ele relega quem realiza o trabalho de reprodução social a uma posição de subordinação – não apenas para os proprietários do capital, mas também para trabalhadores e trabalhadoras com maior remuneração, que podem descarregar suas responsabilidades em relação a esse trabalho sobre outras pessoas.

Essas "outras pessoas" são, em grande medida, do sexo feminino. Pois, na sociedade capitalista, *a organização da reprodução social se baseia no gênero*: ela depende dos *papéis de gênero e entrincheira-se na opressão de gênero*. A reprodução social é, portanto, uma questão feminista. No entanto, é permeada, em todos os pontos, pelas diferenças de gênero, raça, sexualidade e nacionalidade. Um feminismo voltado para a resolução da crise atual deve compreender a reprodução social através de uma lente que também engloba, e relaciona, todos esses eixos de dominação.

Sociedades capitalistas sempre instituíram uma divisão racial do trabalho reprodutivo. Quer por meio da escravidão e do colonialismo, quer pelo *apartheid* ou pelo neoimperialismo, esse sistema forçou mulheres racializadas a fornecer esse trabalho de graça – ou a um custo muito baixo – para suas "irmãs" de etnicidade majoritária ou brancas. Forçadas a cuidar das crianças e da casa de suas patroas ou empregadoras, elas tiveram de lutar ainda mais para cuidar da própria vida. Além disso, historicamente, as sociedades capitalistas tentaram alistar o trabalho de reprodução social das mulheres a serviço do binarismo de gênero e da heteronormatividade. Encorajaram mães, professoras e médicas, entre outras, a garantir que as crianças fossem rigidamente conformadas como meninas-cis e meninos-cis e como heterossexuais. Portanto, os Estados modernos com frequência tentaram instrumentalizar o trabalho de produção de pessoas para projetos nacionais e imperiais. Incentivavam os nascimentos do tipo "certo" enquanto desencorajavam aqueles do tipo "errado", desenharam políticas de educação e família para produzir não apenas "pessoas", mas (por exemplo) "alemães", "italianos" ou "estadunidenses", que podem ser convocados a se sacrificar pela nação quando necessário. Enfim, o atributo classista da reprodução social é fundamental. O esperado de mães e escolas da classe trabalhadora era preparar as crianças para viverem como "trabalhadoras e trabalhadores" perfeitos: obedientes, deferentes para com chefes, preparados para aceitar "seu posto" e tolerar a exploração. Essas pressões nunca funcionaram perfeitamente – na verdade, até mesmo fracassaram, por vezes de forma espetacular. E algumas delas estão se atenuando hoje. Ainda assim, a reprodução social se encontra profundamente entrelaçada à dominação – e com a luta contra ela.

Uma vez que compreendemos a centralidade da reprodução social na sociedade capitalista, não podemos mais encarar de modo habitual a classe. Contrariamente ao entendimento tradicional, o que produz a classe na sociedade capitalista não são apenas as relações que diretamente exploram a "mão de obra", mas também as relações que a geram e a repõem. Tampouco a classe trabalhadora global é composta exclusivamente de pessoas que trabalham por salários nas fábricas e nas minas. Igualmente fundamentais são aquelas que trabalham no campo e nas residências particulares; em escritórios, hotéis e restaurantes; em hospitais, creches e escolas; no setor público e na sociedade civil; o precariado, as pessoas desempregadas e aquelas que não recebem remuneração em troca de seu trabalho. Longe de estar restrita a homens brancos heterossexuais, em cuja imagem ainda é muito frequentemente fantasiada, a maior parte da classe trabalhadora global é constituída de imigrantes, pessoas racializadas, mulheres – tanto cis como trans – e pessoas com diferentes capacidades, cujas necessidades e os desejos são renegados ou deturpados pelo capitalismo.

Essa lente também expande nossa visão da luta de classes. Sem estar voltada exclusivamente a ganhos econômicos no ambiente de trabalho, como contratos justos ou salário mínimo, ocorre em diversos terrenos sociais e não apenas por meio de sindicatos e organizações oficiais de trabalhadores. Para nós, o ponto crítico e a chave para compreender o presente é que *a luta de classes inclui batalhas em torno da reprodução social*: por sistema de saúde universal e educação gratuita, por justiça ambiental e acesso a energia limpa, por habitação e transporte público. Para isso, são igualmente primordiais as lutas políticas pela libertação das mulheres, contra o racismo, a xenofobia, a guerra e o colonialismo.

Tais conflitos sempre foram fundamentais para a sociedade capitalista, que se vale do trabalho reprodutivo, ao mesmo tempo que renega seu valor. As lutas da reprodução social, porém, são especialmente explosivas hoje. Enquanto o neoliberalismo exige mais horas de trabalho remunerado por unidade familiar e menos suporte estatal à assistência social, ele pressiona até o limite famílias, comunidades e (acima de tudo) mulheres. Sob essas condições de expropriação universal, as lutas em torno da reprodução social ocuparam o centro do palco. Agora formam a linha de frente de projetos com potencial de alterar a sociedade por completo.

Tese 6: A violência de gênero assume muitas formas, sempre enredadas nas relações sociais capitalistas. Prometemos combater todas elas.

Profissionais da área de pesquisa estimam que, em termos globais, mais de uma a cada três mulheres vivenciou alguma forma de violência de gênero ao longo da vida. Muitos dos perpetradores são parceiros íntimos, responsáveis por 38% dos assassinatos de mulheres. Podendo ser física, emocional, sexual ou todas elas, a violência por parceiros íntimos acontece em toda a sociedade capitalista – em todo país, toda classe e todo grupo étnico-racial. *Longe de ser acidental, ela está enraizada na estrutura institucional básica da sociedade capitalista.*

A violência de gênero que vivenciamos hoje reflete as dinâmicas contraditórias da família e da vida pessoal na sociedade capitalista. E essas, por sua vez, são baseadas na inconfundível divisão, pelo sistema, entre a produção de pessoas e a obtenção de lucro, família e "trabalho". Um desdobramento fundamental foi a mudança das famílias estendidas baseadas no parentesco de uma época anterior – nas quais os homens idosos detinham o poder sobre a vida e a morte das pessoas que deles dependiam – para a família nuclear heterossexual e restrita da modernidade capitalista, que conferiu aos homens "humildes" que comandavam famílias menores um direito atenuado de dominar. Com essa mudança, o caráter da violência de gênero baseada no parentesco foi transfigurado. O que no passado era abertamente político se tornou "privado": mais informal e "psicológico", menos "racional" e *controlado*. Muitas vezes incitado pelo álcool, a vergonha e a ansiedade em relação à manutenção da dominação, esse tipo de violência de gênero é encontrado em todos os períodos do desenvolvimento capitalista. No entanto, torna-se particularmente virulento e difuso em épocas de crise. Nesses momentos, quando a ansiedade em relação à própria condição, à precariedade econômica e à incerteza política surge, também a ordem de gênero parece estremecer. Alguns homens sentem que as mulheres estão "fora de controle" e a sociedade moderna, com suas novas liberdades sexuais e fluidez de gênero, está "fora do eixo". Suas esposas ou namoradas são "arrogantes", suas casas, "bagunçadas", e suas crianças, "selvagens". Seus chefes são implacáveis, seus colegas de trabalho são injustamente favorecidos e seus empregos estão em risco. Sua destreza sexual e seus poderes de sedução estão em questão. Percebendo sua masculinidade ameaçada, eles explodem.

Na sociedade capitalista, porém, nem toda violência de gênero assume essa forma aparentemente "privada", "irracional".

Outros tipos são muito "racionais", testemunhando a instrumentalização da agressão de gênero como técnica de controle. Exemplos abarcam o estupro de mulheres escravizadas e colonizadas como arma para aterrorizar comunidades de minorias étnicas e forçar sua subjugação; o estupro recorrente de mulheres por proxenetas e traficantes para "domá-las"; e o estupro coordenado e em massa de mulheres do lado "inimigo" como arma de guerra. Muitas vezes também são instrumentais a agressão e o assédio sexuais nos ambientes de trabalho, escolas ou clínicas. Nesses casos, os perpetradores são chefes e supervisores, professores e orientadores, policiais e agentes policiais, médicos e psiquiatras, locatários e oficiais do Exército – todos com poder institucional sobre aquelas que acabam como suas presas. Eles *podem* requisitar serviços sexuais, então alguns deles fazem isso. Aqui, a raiz é a vulnerabilidade econômica, profissional, política e racial das mulheres: nossa dependência do contracheque, da referência, da disposição do empregador ou do supervisor em não fazer perguntas sobre nossa situação migratória. O que permite essa violência é um sistema hierárquico de poder que funde gênero, raça e classe. O que resulta disso é o reforço e a normatização desse sistema.

Afinal de contas, essas duas formas de violência de gênero – uma privada, outra pública – não estão tão separadas. Existem casos híbridos, como as subculturas de adolescentes, fraternidades e atléticas, nas quais homens jovens, dando vazão à misoginia institucionalizada, rivalizam uns com os outros por prestígio e se vangloriam de abusar de mulheres. Além disso, algumas formas de violência de gênero pública e privada formam um círculo vicioso em que se reforçam mutuamente. Como o capitalismo atribui o trabalho reprodutivo sobretudo às mulheres, ele restringe nossa capacidade de participar de forma plena, como iguais, no mundo do "trabalho produtivo", com o resultado de que a maioria de nós acaba em empregos sem futuro que não pagam o suficiente para sustentar uma família. Isso repercute na vida "privada", nos colocando em situação desvantajosa, já que nossa menor capacidade de sair de relacionamentos nos tira o poder nesse âmbito. O primeiro beneficiário de todo esse arranjo é, sem dúvida, o capital. No entanto, seu impacto é nos tornar duplamente sujeitas à violação – primeiro, nas mãos de parentes próximos e nas relações pessoais; segundo, nas mãos de agentes e promotores do capital.

As respostas feministas convencionais à violência de gênero são compreensíveis, mas, ainda assim, inadequadas. A resposta mais comum é a reivindicação de criminalização e punição. Esse "feminismo carcerário", como tem sido chamado, aceita como natural precisamente o que deve ser questionado: a suposição equivocada de que as leis, a polícia e os tribunais mantêm autonomia suficiente em relação à estrutura de poder capitalista para contestar sua profunda tendência a gerar a violência de gênero. Na verdade, o sistema de justiça criminal atinge, de modo desproporcional, homens de grupos étnicos minoritários pobres e da classe trabalhadora, incluindo imigrantes, enquanto deixa seus colegas de colarinho branco livres para estuprar e espancar e também deixa que as mulheres recolham os destroços: percorrendo longas distâncias para visitar filhos e maridos encarcerados, sustentando sozinhas a família e lidando com as sequelas legais e burocráticas do aprisionamento. Da mesma maneira, campanhas de combate ao tráfico e leis contra a "escravidão sexual" com frequência são usadas para deportar mulheres imigrantes enquanto estupradores e exploradores permanecem à solta. Ao mesmo tempo, a resposta carcerária ignora a importância de alternativas para as sobreviventes. Leis criminalizando o estupro marital ou a agressão no ambiente de trabalho não vão ajudar as mulheres que não têm outro lugar para ir nem aquelas sem nenhum meio para chegar lá. Nessas condições, nenhuma feminista, mesmo com um mínimo de sensibilidade em relação à classe e à raça, endossa uma resposta carcerária à violência de gênero.

Igualmente inadequadas são as soluções "com base no mercado" oferecidas pelas feministas burocratas. Do alto luxuoso das instituições do sistema financeiro global, essas neoliberais progressistas de saias propõem proteger da violência suas irmãs menos afortunadas do Sul emprestando-lhes pequenas somas de dinheiro para começarem o próprio negócio. As evidências de que os microfinanciamentos reduzem de fato a violência ou promovem a independência das mulheres em relação aos homens são, na melhor das hipóteses, irregulares. Entretanto, um dos efeitos é cristalino: *o microfinanciamento aumenta a dependência das mulheres em relação a seus credores.* Ao apertar o nó da dívida ao redor do pescoço das mulheres pobres e da classe trabalhadora, essa abordagem em relação à violência de gênero impõe sua própria violência.

O feminismo para os 99% rejeita tanto a abordagem carcerária quanto a do feminismo burocrático em relação à violência de gênero. Sabemos que, no capitalismo, a violência de gênero não é uma ruptura da ordem regular das coisas, e sim uma condição sistêmica. Profundamente ancorada na ordem social, ela não pode ser entendida nem reparada isoladamente em relação ao complexo mais amplo da violência capitalista: a violência biopolítica das leis que negam a liberdade reprodutiva; a violência econômica do mercado, do banco, do senhorio e do agiota; a violência estatal da polícia, dos tribunais e dos agentes prisionais; a violência transnacional de agentes de fronteira, regimes de imigração e exércitos imperiais; a violência simbólica da cultura predominante, que coloniza nossa mente, distorce nosso corpo e silencia nossa voz; a "lenta" violência ambiental que corrói nossas comunidades e nossos hábitats.

Essas dinâmicas, embora endêmicas no capitalismo, se expandiram acentuadamente no atual período de crise. Em nome da "responsabilidade individual", o neoliberalismo cortou as verbas públicas de programas sociais. Em alguns casos, comercializa serviços públicos, transformando-os em um fluxo de lucro direto; em outros, transfere-os às famílias isoladamente, forçando-as – e em particular as mulheres – a suportar todo ônus do cuidado. O resultado é encorajar ainda mais a violência de gênero.

Nos Estados Unidos, a crise no mercado hipotecário atingiu de forma desproporcional as mulheres de minorias étnicas, que representaram as maiores taxas de desalojamento e estiveram mais propensas a ser forçadas a escolher entre não ter onde morar e continuar em relacionamentos abusivos. No Reino Unido, os detentores do poder reagiram ao colapso financeiro cortando ainda mais os serviços públicos – acima de tudo, a verba para abrigos para vítimas de violência doméstica. No Caribe, um aumento no preço de alimentos e combustíveis coincidiu com o corte das verbas públicas para serviços sociais, produzindo uma elevação na violência de gênero. Essas medidas foram acompanhadas da proliferação de propaganda normatizadora e disciplinadora. Reiteradas advertências para ser uma "boa" esposa ou ter mais filhos logo se transformaram em justificativas para a violência contra aquelas pessoas que não conseguem se adaptar aos papéis e às identidades normativos de gênero.

Além disso, hoje, as leis contrárias ao interesse da classe trabalhadora agravam a violência em setores econômicos que dependem muito das mulheres. Em zonas de processamento de exportação, como as 3 mil fábricas de montagem no México, a violência de gênero é amplamente empregada como ferramenta de disciplina da mão de obra. Nas fábricas, chefes e supervisores usam estupro em série, ofensas e revistas corporais humilhantes para aumentar a produtividade e desencorajar a organização trabalhista. Uma vez estabelecidas em uma zona de processamento de exportação, é apenas questão de tempo até que essas práticas sejam generalizadas por toda a sociedade – incluindo os lares da classe trabalhadora.

Nas sociedades capitalistas, portanto, a violência de gênero não é autônoma. Ao contrário, ela tem raízes profundas em uma ordem social que entrelaça a subordinação das mulheres à organização do trabalho com base no gênero e à dinâmica de acumulação de capital. Visto dessa forma, não é surpresa que o movimento #MeToo tenha começado como protesto contra o abuso no ambiente de trabalho nem que a primeira declaração de solidariedade com as mulheres do mercado de entretenimento tenha partido de trabalhadoras rurais imigrantes da Califórnia: imediatamente, elas reconheceram Harvey Weinstein não apenas como predador, mas como *chefe* poderoso, capaz de ditar quem teria permissão para trabalhar em Hollywood e quem não teria.

A violência, em todas as formas, é parte integrante do funcionamento cotidiano da sociedade capitalista – pois é apenas por meio de uma mistura de coerção brutal e consentimento construído que o sistema consegue se sustentar com perfeição. Uma forma de violência que não pode ser impedida sem impedir as outras. Prometendo erradicar todas elas, as feministas para os 99% têm o objetivo de associar a luta contra a violência de gênero ao combate contra todas as formas de violência na sociedade capitalista e contra o sistema social que as sustenta.

Tese 7: O capitalismo tenta regular a sexualidade. Nós queremos libertá-la.

À primeira vista, as lutas sexuais atuais apresentam uma escolha inequívoca. De um lado, acham-se as forças do reacionarismo sexual; de outro, as do liberalismo sexual. As forças reacionárias buscam criminalizar práticas sexuais que alegam violar leis divinas ou valores familiares duradouros. Determinadas a preservar esses princípios supostamente atemporais, essas forças poderiam apedrejar "adúlteras", dar chibatadas em lésbicas ou submeter pessoas gays à "terapia de conversão". Em contrapartida, as forças liberais lutam pelos direitos legais das dissidências e das minorias sexuais. Endossando o reconhecimento de relacionamentos que no passado foram tabus e de identidades menosprezadas, elas apoiam a "igualdade matrimonial" e o acesso de pessoas LGBTQ+ a posições hierárquicas nas Forças Armadas. Enquanto o primeiro lado busca reabilitar arcaísmos retrógrados – patriarcado, homofobia, repressão sexual –, o segundo defende a modernidade – liberdade individual, autoexpressão e diversidade sexual. Como a escolha poderia não ser óbvia?

Na realidade, entretanto, nenhum dos lados é o que parece. Por um lado, o autoritarismo sexual que encontramos hoje é tudo menos arcaico. Embora apresentadas como ordens divinas atemporais ou costumes antigos, as proibições que busca estabelecer são, na verdade, "neotradicionais": respostas reativas ao desenvolvimento capitalista, tão modernas quanto aquelas a que se opõem. De modo similar, os direitos sexuais prometidos pelas oponentes liberais são concebidos em termos que pressupõem as formas capitalistas da modernidade; longe de permitir a real libertação, são normatizadoras, estatistas e consumistas.

Para entender por que isso é assim, consideremos a genealogia dessa oposição. As sociedades capitalistas sempre tentaram regular a sexualidade, mas os meios e os métodos para isso variaram historicamente. Nos primórdios do sistema, antes que as relações capitalistas se estabelecessem de forma patente, cabia às autoridades preexistentes (em especial igrejas e comunidades) estabelecer e impor as normas que distinguiam o sexo aceitável do pecaminoso. Depois, à medida que o capitalismo começou a remodelar toda a sociedade, ele incubou novas normas e modos de regulação burgueses, incluindo o binarismo de gênero e a heteronormatividade sancionados pelo Estado. Sem estar confinadas à metrópole capitalista nem às classes burguesas, essas normas de gênero e sexualidade "modernas" foram amplamente difundidas, inclusive pela via do colonialismo e por meio da cultura de massa; e foram amplamente reforçadas pelo poder estatal administrativo e repressivo, incluindo o critério de direitos à provisão social baseado na família. Essas normas, contudo, não permaneceram incontestadas. Ao contrário, não colidiram apenas com os velhos regimes sexuais, mas também com as ainda recentes aspirações de liberdade sexual, que encontraram expressão, principalmente, nas cidades, nas subculturas gay e lésbica e nos enclaves de vanguarda.

Desdobramentos posteriores reestruturaram aquela configuração. Após os anos 1960, a tendência burguesa abrandou enquanto a linha defensora da liberação transbordou das subculturas que a originaram e se tornou predominante. Como consequência, facções dominantes de ambas as correntes estão cada vez mais unidas em um novo projeto: *normatizar formas de sexo que no passado foram tabus no interior de uma zona expandida de regulação estatal e de maneira favorável ao capital que incentiva o individualismo, a vida doméstica e o consumo de mercadorias.*

O que está por trás dessa nova configuração é uma mudança decisiva na natureza do capitalismo. Cada vez mais financeirizado e separado da família, o capital não é mais implacavelmente contrário aos arranjos sexo/gênero *queer* e não cis. Nem as grandes corporações insistem mais em uma única forma normativa de família ou sexo; muitas delas agora estão dispostas a permitir que um número significativo de funcionários e funcionárias viva fora de famílias heterossexuais – isto é, desde que cumpram as normas, tanto no local de trabalho como nas ruas. Também nas atividades comerciais a dissidência sexual encontra um nicho como fonte de imagens publicitárias sedutoras, linhas de produtos, mercadorias que promovem um estilo de vida e prazeres prontos para o consumo. Na sociedade capitalista, o sexo vende – e o neoliberalismo o comercializa em muitos sabores.

As lutas atuais em torno da sexualidade tomaram o palco em um momento de imensa fluidez de gênero em meio à juventude e entre movimentos *queer* e feministas em expansão. É também uma época de vitórias legais significativas, incluindo a igualdade de gênero formal, os direitos LGBTQ+ e o casamento igualitário – todos entronizados na lei em uma lista crescente de países mundo afora. Essas vitórias são fruto de batalhas acirradas, ao mesmo tempo que refletem importantes mudanças sociais e culturais associadas ao neoliberalismo. Ainda assim, são inerentemente frágeis e constantemente ameaçadas. Novos direitos legais não impedem a agressão contra pessoas LGBTQ+, que continuam a vivenciar a violência de gênero e sexual, a falta de reconhecimento simbólico e a discriminação social.

Na verdade, o capitalismo financeirizado está fomentando um retrocesso sexual de enormes proporções. Não são "apenas" os "*incels*" que assassinam mulheres para vingar o "roubo" da sexualidade feminina de seus "legítimos proprietários masculinos". Não são "apenas" os reacionários de carteirinha que propõem proteger "sua" mulher e sua família do individualismo cruel, do consumismo obtuso e do "vício". A reação inclui movimentos populistas de direita que crescem depressa e ganham apoio das massas identificando algumas desvantagens *reais* da modernidade capitalista – incluindo seu fracasso em proteger famílias e comunidades dos estragos do mercado. Entretanto, tanto as forças neotradicionais quanto as da direita populista deturpam esses sofrimentos legítimos para fomentar precisamente o tipo de oposição com que o capital pode arcar muito bem. Têm um estilo de "proteção" que coloca a culpa na liberdade sexual enquanto encobre a verdadeira fonte de perigo, que é o capital.

O reacionarismo sexual encontra sua imagem espelhada no liberalismo sexual. O segundo está vinculado, mesmo nos melhores casos, a políticas que privam a esmagadora maioria dos pré-requisitos sociais e materiais necessários para concretizar suas novas liberdades formais – considere-se, por exemplo, como os Estados que alegam reconhecer os direitos de pessoas trans se negam, ao mesmo tempo, a custear a transição. O liberalismo sexual também está vinculado aos regimes regulatórios de base estatal que normatizam e impõem a família monogâmica, com a qual a conformidade é o preço a pagar pela aceitação de gays e lésbicas. Embora pareça valorizar a liberdade individual, o liberalismo sexual não desafia as condições estruturais que incitam a homofobia e a transfobia, incluindo o papel da família na reprodução social.

Também fora da família o que passa por liberação sexual muitas vezes reutiliza valores capitalistas. As novas culturas heterossexuais baseadas em relações sexuais e encontros on-line conclamam as mulheres jovens a ser "donas" de sua sexualidade, mas continuam a classificá-las pela aparência de acordo com a determinação dos homens. Encorajando a "domínio sobre o próprio corpo", os discursos neoliberais pressionam as garotas a agradar aos rapazes, autorizando o egoísmo sexual masculino de maneira exemplarmente capitalista.

Da mesma forma, as novas formas de "normalidade gay" pressupõem a *normalidade capitalista*. As classes médias gays emergentes são definidas em muitos países por seu estilo de consumo e seu direito à respeitabilidade. A aceitação dessa camada social não apenas coexiste com a marginalização e a repressão duradouras de pessoas *queer* pobres, em especial de grupos étnicos minoritários, como participa da "lavagem rosa", quando as pessoas no poder citam a aceitação de pessoas gays "sensatas", "corretas", para legitimar projetos imperialistas e neocoloniais. Por exemplo, agências estatais israelenses citam sua cultura "simpática aos gays" como superior para justificar a submissão dos "retrógrados e homofóbicos" palestinos. Da mesma maneira, alguns liberais europeus invocam a própria "tolerância esclarecida" em relação a indivíduos LGBTQ+ a fim de legitimar a hostilidade em relação a muçulmanos, a qual eles associam indiscriminadamente ao reacionarismo, embora deem passe livre em relação a sexo a pessoas não muçulmanas autoritárias.

O resultado é que hoje os movimentos de libertação sexual estão presos entre a cruz e a espada: um lado quer entregar mulheres e pessoas LGBTQ+ à dominação religiosa e patriarcal, enquanto o outro nos serviria em uma travessa para a predação direta do capital. As feministas para os 99% se recusam a jogar esse jogo. Rejeitando tanto a cooptação neoliberal quanto a homofobia e a misoginia neotradicionais, queremos reanimar o espírito radical do levante de Stonewall em 1969 em Nova York, das correntes do feminismo "positivas em relação ao sexo", de Alexandra Kollontai a Gayle Rubin e da histórica campanha de apoio de gays e lésbicas à greve de mineiros britânicos de 1984. Lutamos para libertar a sexualidade não apenas das formas de família procriadora e normativa, mas também das restrições de gênero, classe e raça e das deformações do estatismo e do consumismo. Sabemos, entretanto, que, para concretizar esse sonho, devemos construir uma forma de sociedade nova, não capitalista, que assegure as bases materiais da liberação sexual, entre elas o amplo suporte público à reprodução social, redesenhada para uma gama muito mais ampla de famílias e uniões afetivas.

Tese 8: O capitalismo nasceu da violência racista e colonial. O feminismo para os 99% é antirracista e anti-imperialista.

Hoje, como em momentos anteriores de aguda crise capitalista, "raça" se tornou uma questão candente, inflamada e intensamente contestada. Encorajado por demagogos que se pretendem defensores da causa das maiorias ofendidas, certo populismo de direita agressivamente etnonacionalista já não se limita a "meras" alusões, profere a plenos pulmões brados da supremacia europeia e branca. Governos de centro covardes se unem a seus congêneres abertamente racistas para bloquear a entrada de imigrantes e refugiados, apoderando-se de suas crianças e separando famílias, confinando-as em campos ou deixando que se afoguem no mar. Enquanto isso, a polícia do Brasil, dos Estados Unidos e de outros lugares continua a assassinar impunemente pessoas de grupos étnicos minoritários, enquanto os tribunais as enjaulam por períodos prolongados em prisões superlotadas e, no caso dos Estados Unidos, lucrativas.

Muitas pessoas ficam escandalizadas com esses desdobramentos, e algumas tentaram resistir. Ativistas da Alemanha, do Brasil, dos Estados Unidos e de outros lugares protestaram em massa contra a violência policial racista e as manifestações de defensores da supremacia branca. Algumas pessoas estão lutando para dar um novo significado ao termo "abolição", exigindo o fim do encarceramento e da eliminação da ICE, agência do governo dos Estados Unidos responsável por fazer cumprir as restrições à imigração no país. Outras pessoas escolhem brincar com fogo: são os partidos de correntes de esquerda da Europa que sugerem "cooptar" a direita opondo-se eles mesmos à imigração.

Nessa situação, as feministas, como todas as outras pessoas, devem assumir um lado. Entretanto, o histórico feminista ao tratar da raça tem sido, na melhor das hipóteses, ambivalente. As influentes sufragistas brancas fizeram reclamações explicitamente racistas depois da Guerra Civil dos Estados Unidos, quando os homens negros obtiveram o direito ao voto e elas não. No mesmo período, e por boa parte do século XX, importantes feministas britânicas defenderam o governo colonial na Índia em áreas "de civilizações" racialmente codificadas como necessário para "erguer as mulheres pardas de sua condição simplória". Mesmo hoje, feministas proeminentes de países europeus justificam políticas contra pessoas muçulmanas em termos semelhantes.

O histórico entrelaçamento do feminismo com o racismo também assumiu formas "mais sutis". Mesmo onde não eram explicitamente racistas, as feministas liberais e radicais, sem distinção, definiram o "sexismo" e as "questões de gênero" de um modo que universaliza de forma enganosa a situação de mulheres brancas, de classe média. Extraindo o gênero da raça (e da classe), elas priorizaram a necessidade das "mulheres" de escapar da vida doméstica e "sair para trabalhar" – como se todas nós fôssemos donas de casa de bairros abastados! Seguindo a mesma lógica, feministas brancas de destaque nos Estados Unidos insistiram que as mulheres negras só poderiam ser verdadeiramente feministas se priorizassem e imaginassem uma sororidade pós e não racial acima da solidariedade antirracista com os homens negros. É apenas graças a décadas de resistência firme de feministas de grupos étnicos minoritários que as visões são cada vez mais percebidas por aquilo que são e acabam sendo rejeitadas por números crescentes de feministas de todas as cores de pele.

As feministas para os 99% reconhecem abertamente essa vergonhosa história e estão determinadas a romper com ela. Compreendemos que *nada que mereça o nome de "liberação das mulheres" pode ser alcançado em uma sociedade racista, imperialista*. Ao mesmo tempo, compreendemos que a raiz do problema é o capitalismo, do qual o racismo e o imperialismo são parte integrante. Esse sistema social que se orgulha do "trabalho livre" e do "contrato salarial" só pôde ter início devido à violenta pilhagem colonial e à "caça comercial de peles negras" na África, seu recrutamento forçado para a escravidão no "Novo Mundo" e a expropriação de povos indígenas. Longe de ser interrompida quando o capitalismo decolou, a expropriação baseada na raça de povos privados de liberdade ou dependentes serviu, desde então, como condição oculta para possibilitar a exploração lucrativa do "trabalho livre". A distinção entre "trabalhadores e trabalhadoras" explorados e os demais, dependentes e expropriados, assumiu diversas formas ao longo de toda a história do capitalismo – escravidão, colonialismo, *apartheid* e divisão internacional do trabalho – e foi indistinta algumas vezes. Em cada fase, até o presente e incluindo-o, a expropriação de pessoas racializadas permitiu ao capital aumentar seus lucros por meio do confisco de recursos naturais e capacidades humanas por cuja renovação e reprodução ele nada paga. Por razões sistêmicas, o capitalismo sempre criou classes de seres humanos racializados, que têm sua pessoa e seu trabalho desvalorizados e submetidos a expropriação. *Um feminismo que é verdadeiramente antirracista e anti-imperialista também deve ser anticapitalista.*

Essa proposição é agora, quando a expropriação racializada avança potencializada. Ampliando a desapropriação por meio de dívidas, o capitalismo neoliberal de hoje promove a opressão racial em todo o mundo. No Sul global "pós-colonial", o sequestro corporativo de terras movido a dívidas conduz massas de povos indígenas e tribais para fora de suas áreas – e, em alguns casos, ao suicídio. Ao mesmo tempo, a "reestruturação" da dívida pública lança a taxa de juros em relação ao PIB às alturas, forçando Estados supostamente autônomos a cortar gastos sociais e condenando futuras gerações de trabalhadores e trabalhadoras do Sul a dedicar uma parcela sempre maior de seu trabalho ao reembolso dos credores globais. Dessas formas, a expropriação racializada continua e se entrelaça a um aumento da exploração estimulado pela transferência de grande parte da produção para o Sul global.

Também no Norte global essa opressão continua visível. Enquanto o trabalho na área de serviços, mal remunerado e precário, substitui o trabalho industrial sindicalizado, os salários caem abaixo no mínimo necessário para se levar uma vida decente, especialmente em empregos nos quais predominam trabalhadores e trabalhadoras racializados. Essas pessoas não são apenas forçadas a ter vários empregos e tomar emprestados recursos comprometendo salários futuros a fim de sobreviver. Elas também são alvo de créditos consignados e de risco, extremamente expropriadores. O salário social também está em queda, à medida que os serviços que costumavam ser fornecidos pelo Estado são deixados a cargo de famílias e comunidades – em outras palavras, sobretudo das mulheres imigrantes e de minorias. Da mesma forma, a arrecadação fiscal antes destinada à infraestrutura pública é desviada para o serviço da dívida, com impactos especialmente desastrosos para as comunidades de minorias étnicas – segregadas em termos geográficos e por muito tempo privadas de recursos públicos para escolas e hospitais, habitação e transporte, fornecimento de ar e água despoluídos. Em todos os níveis e em todas as regiões, o capitalismo financeiro gera novas ondas de expropriação racializada.

Os efeitos desse esquema em pirâmide global também são marcados pelo gênero. Hoje, milhões de mulheres negras e imigrantes são empregadas como cuidadoras e trabalhadoras domésticas. Muitas vezes sem documentação e distantes da família, elas são simultaneamente exploradas e expropriadas – forçadas a trabalhos precários e mal remunerados, privadas de direitos e sujeitas a abusos de todo tipo. Forjada por cadeias globais de cuidado, sua opressão possibilita melhores condições para as mulheres mais privilegiadas, que evitam (parte) do trabalho doméstico e perseguem carreiras exigentes. Como é irônico, portanto, que algumas dessas mulheres privilegiadas invoquem os direitos das mulheres para dar apoio a campanhas políticas pelo encarceramento de estupradores negros, perseguição de imigrantes e pessoas de origem muçulmana e para exigir que mulheres negras e muçulmanas assimilem a cultura dominante!

A verdade é que o racismo, o imperialismo e o etnonacionalismo são escoras fundamentais para a misoginia *generalizada* e o controle dos corpos de *todas* as mulheres. Como seu funcionamento fere a *todas* nós, todas nós precisamos combatê-lo com unhas e dentes. No entanto, as proclamações abstratas de sororidade global são contraproducentes. Tratando do que é verdadeiramente o objetivo de um processo político como se fosse dado desde o princípio, elas transmitem a falsa impressão de homogeneidade. A verdade é que, embora todas soframos a opressão misógina na sociedade capitalista, nossa opressão assume diferentes formas. Nem sempre perceptíveis de imediato, as associações entre essas formas de opressão devem ser reveladas no âmbito político – isto é, por meio de esforços conscientes de construção da solidariedade. Apenas dessa maneira, pela luta na e por meio da diversidade, podemos alcançar o poder coletivo de que precisamos se temos a esperança de transformar a sociedade.

Tese 9: Lutando para reverter a destruição da Terra pelo capital, o feminismo para os 99% é ecossocialista.

A atual crise do capitalismo também é uma crise ecológica. O capitalismo sempre buscou fortalecer seus lucros se apossando de recursos naturais, aos quais ele trata como gratuitos e infinitos e os quais quase sempre rouba diretamente. Preparado, em termos estruturais, para se apropriar da natureza sem qualquer consideração com a renovação, o capitalismo desestabiliza periodicamente a própria condição ecológica que o viabiliza – seja pelo esgotamento do solo e pelo desgaste das riquezas minerais, seja pelo envenenamento da água e do ar.

Embora a atual crise ecológica não seja a primeira da história do capitalismo, ela é certamente a mais global e premente até o momento. A mudança climática que agora ameaça o planeta é resultado direto da ação histórica do capital de recorrer à energia fossilizada a fim de abastecer as fábricas de produção industrial em massa, que são sua marca. Não foi a "humanidade" em geral, mas o *capital* que fez a extração de sedimentos carbonosos formados ao longo de centenas de milhares de anos sob a crosta terrestre; e foi o *capital* que os consumiu em um piscar de olhos com total descaso em relação à renovação ou aos impactos da poluição e da emissão de gases do efeito estufa. Mudanças subsequentes, primeiro do carvão para o petróleo e depois para o faturamento hidráulico e o gás natural, apenas intensificaram as emissões de carbono, ao mesmo tempo que descarregaram, de forma desproporcional, os "efeitos colaterais" nas comunidades pobres, com frequência formadas por grupos étnicos minoritários, no Norte global e no Sul global.

Se a crise ecológica de hoje está diretamente vinculada ao capitalismo, ela também reproduz e agrava a opressão das mulheres. As mulheres ocupam as linhas de frente da atual crise ecológica, constituindo 80% das pessoas refugiadas em função do clima. No Sul global, elas constituem a vasta maioria da força de trabalho rural, ao mesmo tempo que carregam a responsabilidade pela maior parte do trabalho de reprodução social. Devido a seu papel central em prover alimentação, vestimenta e abrigo para a família, as mulheres representam parcela descomunal no trabalho de lidar com a seca, a poluição e a superexploração da terra. De forma semelhante, no Norte global, as mulheres pobres de grupos étnicos minoritários estão desproporcionalmente vulneráveis. Sujeitas ao racismo ambiental, elas constituem a espinha dorsal de comunidades submetidas a enchentes e envenenamento por chumbo.

As mulheres também estão na linha de frente das lutas contra a crescente catástrofe ecológica. Há décadas, nos Estados Unidos, o grupo militante de esquerda Women Strike for Peace fez campanhas contra as armas atômicas que depositaram estrôncio-90 em nossos ossos. Hoje, mulheres lideram a luta da Water Protectors contra a Dakota Access Pipeline nos Estados Unidos. No Peru, elas deram início à bem-sucedida batalha da Máxima Acuña contra a gigantesca mineradora estadunidense Newmont. No norte da Índia, mulheres garhwali estão lutando contra a construção de três usinas hidrelétricas. Por todo o globo, mulheres lideram um sem-número de lutas contra a privatização da água e das sementes e a favor da preservação da biodiversidade e da agricultura sustentável.

Em todos esses casos, as mulheres moldam formas novas e integradas de luta, que desafiam a tendência que ambientalistas convencionais têm de formular a defesa da "natureza" e do bem-estar material das comunidades humanas como mutuamente opostos. Em sua recusa a separar problemas ecológicos dos relativos à reprodução social, esses movimentos liderados por mulheres representam uma poderosa alternativa anticorporativa e anticapitalista aos projetos "capitalistas verdes" que não fazem nada para impedir o aquecimento global enquanto enriquecem aqueles que agenciam "licenças para emissão de gases", "serviços de ecossistemas", "compensações de emissão carbono" e "derivativos ambientais". Ao contrário desses projetos de "financiamento verde", que dissolvem a natureza em um miasma de abstração quantitativa, as lutas das mulheres se concentram no mundo real, no qual a justiça social, o bem-estar das comunidades humanas e a sustentabilidade da natureza não humana estão inseparavelmente associados.

A libertação das mulheres e a preservação de nosso planeta contra o desastre ecológico andam de mãos dadas – uma com a outra e ambas com a superação do capitalismo.

Tese 10: O capitalismo é incompatível com a verdadeira democracia e a paz. Nossa resposta é o internacionalismo feminista.

A atual crise do capitalismo também é política. Paralisados pelo congestionamento e atados pelo sistema financeiro global, Estados que, no passado, alegaram ser democráticos falharam de forma recorrente em enfrentar problemas prementes, sem falar no interesse público; a maioria deles aposta na mudança climática e nas reformas financeiras, quando não bloqueia o caminho para as soluções. Cativos do poder corporativo e enfraquecidos pela dívida, os governos são cada vez mais vistos por seus governados como serviçais do capital, que dançam pela música dos bancos centrais e dos investidores internacionais, dos gigantes da tecnologia da informação, dos magnatas do setor energético, dos que lucram com as guerras. Surpreende que massas de pessoas por todo o mundo tenham desistido de partidos e políticos convencionais que promovem o neoliberalismo, incluindo aqueles da centro-esquerda?

A crise política está enraizada na estrutura institucional da sociedade capitalista. Esse sistema separa o "político" do "econômico", a "violência legítima" do Estado da "compulsão silenciosa" do mercado. O resultado é declarar vastas áreas da vida social fora dos limites do controle democrático e entregá-las à dominação corporativa direta. Em virtude da própria estrutura, portanto, o capitalismo nos priva da capacidade de decidir de forma coletiva exatamente o que e quanto produzir, sob qual base energética e por meio de quais tipos de relações sociais. Ele também nos rouba a capacidade de determinar como queremos usar o excedente social que produzimos coletivamente, como queremos nos relacionar com a natureza e as futuras gerações e como queremos organizar o trabalho de reprodução social e sua relação com o trabalho de produção. Em suma, o capitalismo é fundamentalmente antidemocrático.

Ao mesmo tempo, é um sistema que cria necessariamente uma geografia imperialista do mundo. Autoriza Estados poderosos do Norte global a se aproveitar dos mais fracos: a drenar seu valor por meio de regimes comerciais que os atacam e a esmagá-los com dívidas; a ameaçá-los com intervenção militar e imposição de "ajuda". O resultado é negar proteção política a grande parte da população mundial. Aparentemente, as aspirações democráticas de bilhões de pessoas no Sul global não valem sequer a cooptação. Podem simplesmente ser ignoradas ou brutalmente reprimidas.

Aqui também, por toda parte, o capital tenta ter tudo. De um lado, ele vive à custa do poder público, aproveitando-se dos regimes legais que protegem a propriedade privada e das forças repressivas que eliminam oposição, servindo-se das infraestruturas necessárias para a acumulação e de agências regulatórias com a missão de administrar crises. Por outro lado, a sede de lucro periodicamente incita algumas facções da classe capitalista a se rebelar contra o poder público, o qual elas acusam de ser inferior aos mercados e planejam enfraquecer. Quando esses interesses de curto prazo falam mais alto do que a sobrevivência de longo prazo, o capital assume a forma de um tigre que engole o próprio rabo. E ameaça destruir as próprias instituições políticas das quais depende para sobreviver.

A tendência do capitalismo a produzir crises políticas – em operação até nos momentos mais favoráveis – chegou ao auge. O atual regime neoliberal controla abertamente não apenas os armamentos militares, mas também a arma da dívida, enquanto de forma insolente atinge quaisquer poderes públicos e forças políticas que podem desafiá-lo – por exemplo, anulando eleições e referendos que rejeitam a austeridade, como na Grécia em 2015, e impedindo aqueles que podem rejeitá-la, como no Brasil em 2017-2018. Por todo o mundo, interesses capitalistas dominantes (grandes produtores de frutas, produtos farmacêuticos, petróleo e armamentos) têm promovido sistematicamente o autoritarismo e a repressão, golpes de Estado e guerras imperiais. Refutando diretamente as reivindicações de seus apoiadores, esse sistema social se revela estruturalmente incompatível com a democracia.

Outra vez são as mulheres as maiores vítimas da atual crise política do capitalismo – e elas também são as protagonistas da luta para solucioná-la de forma emancipatória. Para nós, entretanto, a solução não é apenas colocar mais mulheres nas cidadelas do poder. Tendo sido excluídas da esfera pública por muito tempo, precisamos lutar com unhas e dentes para sermos ouvidas a respeito de temas que têm sido cotidianamente desprezados como "privados", como o assédio e a agressão sexual. Ironicamente, entretanto, nossas reivindicações são muitas vezes repetidas por "progressistas" da elite que dão a elas uma inflexão favorável ao capital: nos convidam a nos identificarmos e a votarmos em mulheres que atuam na política, ainda que de forma repulsiva, que nos pedem para celebrar *sua* ascensão a cargos de poder – como se isso favorecesse *nossa* libertação. No entanto, não há nada de feminista em mulheres da classe dominante que fazem o trabalho sujo de bombardear o país e apoiar regimes de *apartheid*; de respaldar intervenções neocoloniais em nome do humanitarismo, enquanto permanecem em silêncio a respeito de genocídios perpetrados por seus próprios governos; de expropriar populações indefesas por meio de ajustes estruturais, dívidas impostas e austeridade forçada.

Na realidade, em todo o mundo, as mulheres são as primeiras vítimas da ocupação colonial e da guerra. Elas enfrentam o assédio sistemático, o estupro político e a escravização, enquanto suportam o assassinato e a mutilação das pessoas que amam e a destruição de infraestruturas que, antes de mais nada, lhes permitiam prover a própria subsistência e a de sua família. Nós nos solidarizamos com *essas* mulheres – não com as belicistas de saias, que reivindicam a libertação sexual e de gênero apenas para suas iguais. Para burocratas estatais e gerentes financeiros, tanto homens quanto mulheres, que pretendem justificar seu belicismo alegando libertar as mulheres negras de pele clara e escura, nós dizemos: *em nosso nome, não.*

Tese 11: O feminismo para os 99% convoca todos os movimentos radicais a se unir em uma insurgência anticapitalista comum.

O feminismo para os 99% não opera isolado de outros movimentos de resistência e rebelião. Não nos isolamos de batalhas contra a mudança climática ou a exploração no local de trabalho; não somos indiferentes às lutas contra o racismo institucional e a expropriação. Essas lutas são *nossas* lutas, parte integrante do desmantelamento do capitalismo, sem as quais não pode haver o fim da opressão sexual e de gênero. A conclusão é clara: o feminismo para os 99% deve unir forças com outros movimentos anticapitalistas mundo afora – com movimentos ambientalista, antirracista, anti-imperialista e LGBTQ+ e com sindicatos. *Devemos nos aliar, acima de tudo, com as correntes anticapitalistas de esquerda desses movimentos que também defendem os 99%.*

Esse caminho nos contrapõe às duas principais opções políticas que o capital nos oferece agora. Rejeitamos não apenas o populismo reacionário, como o neoliberalismo progressista.

Na verdade, é dissociando essas duas alianças que pretendemos construir nosso movimento. No caso do neoliberalismo progressista, temos como objetivo separar a massa das mulheres da classe trabalhadora, de imigrantes e de grupos étnicos minoritários das feministas do Faça Acontecer, de antirracistas meritocráticos, de anti-homofóbicos e de cúmplices do capitalismo verde e da diversidade corporativa, que se apropriaram das preocupações delas e as sujeitaram em termos favoráveis ao capitalismo. No que diz respeito ao capitalismo reacionário, temos como objetivo separar as comunidades da classe trabalhadora das forças que promovem o militarismo, a xenofobia e o etnonacionalismo, que se apresentam enganosamente como defensoras do "homem comum", ao mesmo tempo que, às escondidas, promovem a plutocracia. Nossa estratégia é atrair frações da classe trabalhadora desses dois blocos pró-capitalistas. Dessa forma, buscamos construir uma força anticapitalista ampla e poderosa o suficiente para transformar a sociedade.

A luta é tanto uma oportunidade como uma escola. Pode transformar aquelas pessoas que dela participam, desafiando nossos entendimentos anteriores sobre nós mesmas e reformulando nossas visões de mundo. A luta pode aprofundar nossa compreensão de nossa própria opressão – o que a causa, quem se beneficia dela e o que pode ser feito para superá-la. Além disso, pode nos encorajar a reinterpretar nossos interesses, redefinir nossas esperanças e expandir nossa acepção do que é possível. Por fim, a experiência de luta pode nos induzir a repensar quem deve ser considerado aliado e inimigo. Pode ampliar o círculo de solidariedade entre as pessoas oprimidas e aguçar nosso antagonismo com nossos opressores.

O modal "pode" é que faz a diferença. Tudo depende de nossa capacidade de desenvolver uma perspectiva norteadora que não simplesmente celebre nem brutalmente oblitere as diferenças entre nós. Contrárias às ideologias da "multiplicidade" em voga, as várias opressões que sofremos não formam uma pluralidade incipiente e contingente. Embora cada uma tenha as próprias formas e características, todas estão enraizadas em um único e mesmo sistema social e são por ele reforçadas. É ao nomear esse sistema como *capitalismo* e ao unir forças para combatê-lo que podemos superar da melhor forma as divisões que o capital cultiva entre nós – divisões de cultura, raça, etnicidade, diversidade funcional, sexualidade e gênero.

No entanto, devemos compreender o capitalismo da forma correta. Ao contrário das compreensões estreitas, antiquadas, a força de trabalho assalariada industrial não é o total da classe trabalhadora; tampouco sua exploração é o apogeu da dominação capitalista. Insistir em sua primazia não é estimular, e sim enfraquecer, a solidariedade de classe. Na realidade, a solidariedade de classe é mais bem promovida por meio do reconhecimento recíproco das diferenças relevantes entre nós –

de nossas situações, nossas experiências e nossos sofrimentos estruturais díspares; de nossas necessidades, nossos desejos e nossas reivindicações e das variadas formas organizacionais por meio das quais podemos melhor alcançá-los. Dessa forma, o feminismo para os 99% busca superar oposições familiares, obsoletas, entre "política identitária" e "política de classe".

Rejeitando a estrutura de soma zero que o capitalismo constrói para nós, o feminismo para os 99% tem como objetivo unir movimentos existentes e futuros em uma insurgência global de ampla base. Dotadas da visão de que ele é ao mesmo tempo feminista, antirracista e anticapitalista, nós nos comprometemos a ser protagonistas da configuração de nosso futuro.

Posfácio

Começando pelo meio

Escrever um manifesto feminista é tarefa hercúlea. Qualquer pessoa que tente fazê-lo se baseia em – e se coloca na sombra de – Marx e Engels. O *Manifesto Comunista* de 1848 começou com uma frase memorável. "Um espectro ronda a Europa." O "espectro", óbvio, era o comunismo, um projeto revolucionário que eles retrataram como auge das lutas da classe trabalhadora e viam como algo em marcha: unificando-se, internacionalizando-se e metamorfoseando-se em uma força histórica mundial que um dia iria abolir o capitalismo – e, com ele, toda a exploração, a dominação e a alienação.

Consideramos esse predecessor imensamente inspirador, sobretudo porque acertadamente identifica o capitalismo como base fundamental da opressão na sociedade moderna. Ele, no entanto, complica nossa tarefa não apenas porque o

Manifesto Comunista é uma obra-prima literária, difícil de imitar, mas também porque 2018 não é 1848. É verdade que nós também vivemos em um mundo de enorme revolta social e política – à qual compreendemos como uma crise do capitalismo. O mundo de hoje, porém, é muito mais globalizado do que aquele de Marx e Engels, e as revoltas que o atravessam não estão, de forma alguma, restritas à Europa. Do mesmo modo, nós encontramos conflitos em torno de nacionalidade, raça/etnicidade e religião, além daqueles de classe. Ao mesmo tempo, nosso mundo abrange discrepâncias desconhecidas para eles: sexualidade, deficiências e ecologia; e suas lutas de gênero têm uma amplitude e uma intensidade que Marx e Engels dificilmente teriam imaginado. Confrontadas, como estamos, com um cenário político fraturado e heterogêneo, não é tão fácil para nós imaginar uma força revolucionária unificada.

Além disso, como chegamos depois, estamos mais conscientes do que Marx e Engels poderiam ter estado sobre as muitas maneiras pelas quais os movimentos emancipatórios podem dar errado. A memória histórica que herdamos inclui a degeneração da revolução bolchevique no Estado stalinista absolutista, a capitulação da social-democracia europeia ao nacionalismo e à guerra e a enorme quantidade de regimes autoritários estabelecidos após as lutas anticoloniais por todo o Sul global. Para nós, é especialmente importante a recuperação dos movimentos emancipatórios de nossa época, que se tornaram aliados das forças que estimularam o neoliberalismo e álibis para elas. Essa segunda experiência tem sido dolorosa para as feministas de esquerda, já que testemunhamos as correntes liberais dominantes de nosso movimento reduzirem nossa causa ao avanço meritocrático de algumas poucas.

Essa história não poderia deixar de moldar nossas expectativas de um modo diferente daquelas de Marx e Engels, considerando que eles escreviam em uma era em que o capitalismo ainda era relativamente jovem, e nós enfrentamos um sistema ardiloso, envelhecido, muito mais competente na cooptação e na coerção. Além disso, o cenário político de hoje está repleto de armadilhas. Como explicamos em nosso *Manifesto*, a armadilha mais perigosa para as feministas está em pensar que nossas atuais opções políticas são limitadas a duas: por um lado, a variante "progressista" do neoliberalismo, que propaga uma versão elitista e corporativa de feminismo para lançar uma camada de verniz emancipatório para uma agenda predatória e oligárquica; por outro, uma variante reacionária do neoliberalismo, que segue agenda semelhante, plutocrática, por outros meios – acionando tropas misóginas e racistas a fim de lustrar suas credenciais "populistas". Certamente, essas duas forças não são idênticas. No entanto, ambas são inimigas mortais de um feminismo verdadeiramente emancipatório e majoritário. E elas se promovem mutuamente: o neoliberalismo progressista criou as condições para a ascensão do populismo reacionário e hoje se coloca como a alternativa confiável a ele.

Nosso *Manifesto* encarna uma recusa em escolher lados dessa batalha. Rejeitando um menu que limita nossas escolhas a duas estratégias diferentes para gerenciar a crise capitalista, nós o escrevemos para impulsionar uma alternativa a ambos. Comprometidas não apenas em gerenciar a crise capitalista, mas em *solucionar* a atual crise, procuramos tornar visíveis e praticáveis algumas das possibilidades emancipatórias que os atuais alinhamentos obscurecem. Determinadas a romper a confortável aliança do feminismo liberal com o capital financeiro, propusemos outro feminismo, um *feminismo para os 99%*.

Chegamos a esse projeto depois de trabalharmos juntas na greve de mulheres de 2017 nos Estados Unidos. Antes disso, cada uma de nós havia escrito individualmente sobre a relação entre o capitalismo e a opressão de gênero. Cinzia Arruzza analisara as tensas relações entre feminismo e socialismo, tanto em termos históricos como teóricos. Tithi Bhattacharya desenvolvera uma teoria sobre as implicações da reprodução social para os conceitos de classe e luta de classes. Nancy Fraser trabalhara conceitos ampliados de capitalismo e crise capitalista, da qual a crise da reprodução social é parte integrante.

Apesar das diferentes ênfases, juntamos forças para escrever este *Manifesto* devido a uma compreensão comum da presente conjuntura. Para nós três, este momento representa um ponto de junção crucial na história do feminismo e do capitalismo, um ponto de junção que exige, e permite, uma intervenção. Neste contexto, nossa decisão de escrever um manifesto feminista estava vinculada a um objetivo político: buscamos efetuar uma operação de resgate e uma correção de curso – para reorientar as lutas feministas em uma época de confusão política.

Conceituando novamente o capitalismo e suas crises

A conjuntura a que nosso *Manifesto* responde é mais entendida como uma *crise*. No entanto, não propomos essa palavra no sentido vago e óbvio de que as coisas vão mal. Embora as calamidades e os sofrimentos atuais sejam terríveis, o que justifica nosso uso do termo "crise" é algo maior: os inúmeros danos que vivenciamos hoje não são nem mutuamente desvinculados nem produtos do acaso. Ao contrário, eles derivam do sistema societal que sustenta todos eles – um sistema que não os produz acidentalmente, mas como algo habitual, por meio de sua dinâmica constitutiva.

Nosso *Manifesto* nomeia esse sistema social de *capitalismo* e caracteriza a presente crise como uma crise *do capitalismo*. Não compreendemos, contudo, esses termos da maneira usual. Como feministas, reconhecemos que o capitalismo não é apenas um sistema econômico, e sim algo maior: uma ordem social institucionalizada que abrange relações aparentemente não econômicas e práticas que mantêm a economia oficial. Por trás das instituições oficiais do capitalismo – trabalho assalariado, produção, troca e sistema financeiro – estão os suportes que lhes são necessários e as condições que as possibilitam: famílias, comunidades, natureza; Estados territoriais, organizações políticas e sociedades civis; e, em especial, enormes quantidades e múltiplas formas de trabalho não assalariado e expropriado, incluindo muito do trabalho de reprodução social, ainda executado predominantemente por mulheres e muitas vezes sem compensação. Esses também são elementos constitutivos da sociedade capitalista – e lugares de luta em seu interior.

Dessa compreensão abrangente de capitalismo segue-se a visão ampla de crise capitalista de nosso *Manifesto*. Sem negar sua tendência inerente a gerar colapsos periódicos no mercado, falências em cadeia e desemprego em massa, reconhecemos que o capitalismo abriga outras contradições "não econômicas" e propensões à crise. Contém, por exemplo, uma *contradição ecológica*: uma tendência inerente a reduzir a natureza, por um lado, a uma "torneira" liberando energia e matéria-prima e, por outro, a uma "pia" absorvendo os resíduos – ambas capacidades de que o capital se apropria gratuitamente, mas não renova. Como resultado, as sociedades capitalistas são estruturalmente inclinadas a desestabilizar os hábitats que sustentam as comunidades e os ecossistemas que sustentam a vida.

Da mesma forma, essa formação social abriga uma *contradição política*: uma tendência intrínseca a limitar o campo de ação da política, transferindo questões fundamentais da vida e da morte ao domínio dos "mercados" e transformando instituições estatais que deveriam servir ao público em serviçais do capital. Por razões sistêmicas, portanto, o capitalismo está destinado a frustrar as aspirações democráticas, a esvaziar direitos, a enfraquecer poderes públicos e a gerar repressão brutal, guerras intermináveis e crises de administração governamental.

Por fim, a sociedade capitalista abriga uma *contradição de reprodução social*: uma tendência a se apropriar, em benefício do capital, do máximo possível de trabalho reprodutivo "livre", sem qualquer preocupação com sua reposição. Como resultado, isso origina periodicamente uma "crise de cuidado", que leva as mulheres à exaustão, destrói famílias e estira as energias sociais até o ponto de ruptura.

Em outras palavras, em nosso *Manifesto*, a crise capitalista não é apenas econômica, mas também ecológica, política e de reprodução social. Em todos os casos, a raiz é a mesma: o impulso inerente do capital de se aproveitar de suas próprias condições básicas indispensáveis – pré-requisito por cuja reprodução ele não tem intenção de pagar. Essas condições incluem a capacidade da atmosfera para absorver as emissões de carbono; a capacidade do Estado para defender a propriedade, sufocar a rebelião e salvaguardar o dinheiro; e, o que é de central importância para nós, o trabalho não remunerado de formar e sustentar seres humanos. Sem eles, o capital não poderia explorar "trabalhadores e trabalhadoras" nem ser bem-sucedido em acumular lucros. No entanto, se ele não consegue sobreviver sem essas condições básicas, sua lógica também o leva a renegá-las. Se forçados a pagar pelos custos totais de renovação da natureza, pelo poder público e pela reprodução social, os lucros do capital definhariam a ponto de desaparecer. Melhor canibalizar as próprias condições de possibilidade do sistema do que comprometer a acumulação!

Portanto, é uma premissa de nosso *Manifesto* que o capitalismo abriga múltiplas contradições, acima e além daquelas que têm raízes na economia oficial. Em tempos "normais", as tendências de crise do sistema se mantêm mais ou menos latentes, afetando "apenas" aquelas populações consideradas dispensáveis e sem poder. Estes, contudo, não são tempos normais. Hoje, *todas* as contradições do capitalismo alcançaram o ponto de ebulição. Praticamente ninguém – com a parcial exceção do 1% – escapa dos impactos da desarticulação política, da precariedade econômica e do esgotamento da reprodução social. E a mudança climática, obviamente, ameaça destruir a vida no planeta. Também está crescendo o reconhecimento de que esses desdobramentos catastróficos estão entrelaçados de maneira tão profunda que nenhum deles pode ser resolvido separadamente dos demais.

O que é reprodução social?

Nosso *Manifesto* lida com todas as facetas da presente crise. No entanto, temos especial interesse no aspecto da reprodução social, que está estruturalmente ligado à assimetria de gênero. Então, vamos investigar mais a fundo: o que é exatamente a reprodução social?

Consideremos o caso de "Luo". Mãe taiwanesa identificada apenas pelo sobrenome, ela abriu um processo em 2017 contra seu filho, reivindicando indenização pelo tempo e pelo dinheiro que investira na criação dele. Luo criou dois filhos como mãe solo, colocando ambos na faculdade de odontologia. Em troca, esperava que eles cuidassem dela na velhice. Quando um dos filhos não satisfez suas expectativas, ela o processou. Em um veredicto inédito, a Suprema Corte de Taiwan ordenou que o filho pagasse à mãe 967 mil dólares como custo de sua "criação".

O caso de Luo ilustra três aspectos fundamentais da vida sob o capitalismo. Primeiro, revela um pressuposto universal humano que o capitalismo preferiria ignorar e tenta esconder: que grandes quantidades de tempo e recursos são necessárias para dar à luz, cuidar e manter seres humanos. Segundo, enfatiza que muito do trabalho de criar e/ou manter seres humanos ainda é feito pelas mulheres em nossa sociedade. Por fim, mostra que, no curso normal das coisas, a sociedade capitalista não confere nenhum valor a esse trabalho, mesmo dependendo dele.

O caso de Luo também nos incita a levar em consideração uma quarta proposição que figura de modo central em nosso *Manifesto*: que a sociedade capitalista é composta de dois imperativos inextricavelmente entrelaçados, mas mutuamente opostos – a necessidade de o sistema se sustentar por meio de seu processo característico de *obtenção de lucro* contra a necessidade de os seres humanos se sustentarem por meio de processos que chamamos de *produção* de pessoas. "Reprodução social" diz respeito ao segundo imperativo. Abrange atividades que sustentam seres humanos como *seres sociais corporificados* que precisam não apenas comer e dormir, mas também criar suas crianças, cuidar de suas famílias e manter suas comunidades, tudo isso enquanto perseguem esperanças no futuro.

Essas atividades de produção de pessoas ocorrem de uma forma ou de outra em todas as sociedades. Nas sociedades *capitalistas*, entretanto, elas também devem servir a outro mestre – a saber, o capital, que exige que o trabalho de reprodução social produza e substitua a "força de trabalho". Empenhado em garantir para si mesmo um suprimento adequado dessa "mercadoria singular" ao preço mais baixo possível, o capital despeja o trabalho de reprodução social sobre mulheres, comunidades e Estados, o tempo todo distorcendo-o em formas mais convenientes para maximizar seus lucros. Vários ramos da teoria feminista, incluindo o feminismo marxista, o feminismo socialista e a teoria da reprodução social, analisaram as contradições entre as tendências de obtenção de lucro e de produção de pessoas nas sociedades capitalistas, expondo o impulso inerente ao capital de instrumentalizar a segunda em função da primeira.

Leitoras e leitores de *O capital*, de Marx, conhecem a exploração: a injustiça que o capital inflige a trabalhadoras e trabalhadores assalariados no campo da produção. Nesse cenário, os trabalhadores e as trabalhadoras devem receber o suficiente para cobrir suas despesas de sobrevivência, embora, na verdade, produzam mais. Em poucas palavras, nossos chefes exigem que trabalhemos mais horas do que o necessário para reproduzir a nós mesmos, a nossas famílias e às infraestruturas da sociedade. Eles se apropriam do excedente que produzimos sob a forma de lucro em prol de proprietários e acionistas.

As teóricas da reprodução social não só rejeitam esse quadro, como assinalam sua incompletude. Como feministas marxistas e socialistas, levantamos algumas questões incômodas: o que a trabalhadora precisou fazer *antes* de chegar ao trabalho? Quem fez seu jantar, arrumou sua cama e aliviou seu estresse para que ela pudesse voltar ao trabalho após uma jornada fatigante, dia após dia? Será que alguém fez esse trabalho de produção de pessoas ou foi ela mesma que o executou – não apenas para si, mas também para os demais membros de sua família?

Essas perguntas revelam uma verdade que o capitalismo conspira para ocultar: o trabalho assalariado para a obtenção de lucro não poderia existir sem o trabalho (na maioria das vezes) não assalariado da produção de pessoas. Portanto, a instituição capitalista do trabalho assalariado esconde algo além do mais--valor. Esconde suas marcas de nascença – a mão de obra de reprodução social que é condição para que ela seja possível. Os processos e as instituições sociais necessários para os dois tipos de "produção" – das pessoas e dos lucros –, embora analiticamente distintos, são, ainda assim, mutuamente constitutivos.

Além disso, a distinção entre eles é, em si, um artefato da sociedade capitalista. Como dissemos, o trabalho de produção de pessoas sempre existiu e sempre foi associado às mulheres. No entanto, as sociedades antigas não conheciam divisão nítida entre "produção econômica" e reprodução social. Apenas com o advento do capitalismo esses dois aspectos da existência social foram dissociados. A produção foi transferida para fábricas, minas e escritórios, onde foi considerada "econômica" e remunerada com salários em dinheiro. A reprodução foi relegada "à família", onde foi feminizada e sentimentalizada, definida como "cuidado" em oposição a "trabalho", realizada por "amor" em oposição ao dinheiro. Ou assim nos disseram. Na verdade, as sociedades capitalistas nunca situaram a reprodução social exclusivamente nas residências particulares, sempre a localizaram em bairros, comunidades de base, instituições públicas e sociedade civil; e há muito tempo transformaram *parte* do trabalho reprodutivo em mercadoria – embora nem de longe tanto quanto hoje.

No entanto, a divisão entre obtenção de lucros e produção de pessoas aponta para uma tensão arraigada no cerne da sociedade capitalista. Enquanto o capital se esforça de forma sistemática para aumentar os lucros, pessoas da classe trabalhadora se esforçam, no sentido inverso, para levar uma vida significativa, digna de um ser humano. Esses são objetivos basicamente irreconciliáveis, pois a parcela de acumulação do capital só pode aumentar à custa de nossa participação na vida em sociedade. As práticas sociais que nutrem nossa vida em casa e os serviços sociais que cultivam nossa vida fora de casa constantemente ameaçam reduzir os lucros. Assim, a motivação financeira para reduzir aquele custo e a motivação ideológica para minar aqueles esforços são endêmicas ao sistema como um todo.

Se a narrativa do capitalismo fosse simplesmente aquela em que a obtenção de lucro subjuga a produção de pessoas, o sistema poderia legitimamente declarar vitória. A história do capitalismo é, porém, também formada por lutas por vidas dignas significativas. Não é coincidência que as lutas salariais sejam muitas vezes referidas como lutas relativas a "ganhar o pão". Entretanto, é um erro limitar essas questões a reivindicações sobre o local de trabalho, como os movimentos operários tradicionais muitas vezes fizeram. Elas ignoram o relacionamento tempestuoso, instável, entre os salários e a vida em um sistema em que o capital decreta o primeiro como o único meio para a segunda. Trabalhadores e trabalhadoras não lutam por salários; aliás, lutam pelo salário *porque* querem pão e manteiga. O desejo de se sustentar é a causa, não a consequência. Assim, as lutas por alimentação, moradia, água, assistência à saúde ou educação nem sempre são expressas pela forma intermediária que é o salário – ou seja, demandas por salários mais altos no local de trabalho. Relembremos, por exemplo, que aquelas duas grandes revoluções da era moderna, a francesa e a russa, começaram com motins, liderados por mulheres, por causa do pão.

O verdadeiro objetivo das lutas de reprodução social é estabelecer a primazia da produção de pessoas sobre a obtenção de lucros. Elas nunca foram apenas por pão. Por esse motivo, um feminismo para os 99% encarna e encoraja a *luta por pão e rosas*.

Crise da reprodução social

Na conjuntura que nosso *Manifesto* analisa, a reprodução social é o lugar de uma crise maior. A razão básica, argumentamos, é que o tratamento que o capitalismo dá à reprodução social é contraditório. Por um lado, o sistema não pode funcionar sem essa atividade; por outro, ele renega os custos desta última e confere a ela pouco ou nenhum valor econômico. Isso significa que as capacidades utilizadas para o trabalho de reprodução social não têm seu valor reconhecido, são tratadas como "dádivas" gratuitas e inesgotáveis que não exigem atenção ou renovação. Quando, por acaso, a questão é considerada, presume-se que sempre haverá energia suficiente para produzir mão de obra e sustentar as correlações sociais das quais a produção econômica – e, em termos mais gerais, a sociedade – depende. Na verdade, as capacidades de reprodução social não são infinitas e podem se esgotar. Quando uma sociedade retira a sustentação pública à reprodução social e engaja suas principais provedoras em longas e cansativas horas de trabalho mal remunerado, ela esgota as próprias capacidades sociais de que depende.

Esta é exatamente nossa situação hoje. A forma atual, neoliberal, de capitalismo está esgotando sistematicamente nossas capacidades individuais e coletivas para reconstituir os seres humanos e para sustentar os laços sociais. À primeira vista, esse regime parece estar destruindo a divisão de gênero entre mão de obra produtiva e reprodutiva, constitutiva do capitalismo. Proclamando o novo ideal da "família com dois salários", o neoliberalismo recruta mulheres em massa como mão de obra assalariada ao redor do globo. Esse ideal, no entanto, é uma fraude; e o regime laboral que ele deve legitimar é tudo menos libertador para as mulheres. O que se apresenta como emancipação é, na verdade, um sistema de exploração e expropriação reforçadas. Ao mesmo tempo, é uma engrenagem da aguda crise de reprodução social.

É verdade, claro, que uma fina camada das mulheres extrai algum ganho do neoliberalismo quando ingressa em profissões de prestígio e nos patamares mais baixos da administração corporativa, embora em termos menos favoráveis do que os disponíveis para os homens da mesma classe. O que aguarda a ampla maioria, entretanto, é algo diferente: trabalho mal remunerado e precário – em fábricas, sob péssimas condições, zonas de processamento de exportação, indústrias de construção de megacidades, corporações agrícolas e no setor de serviços – onde mulheres pobres, racializadas e imigrantes servem *fast-food* e vendem itens baratos em grandes lojas; limpam escritórios, quartos de hotel e residências particulares; e cuidam de famílias das camadas mais privilegiadas, muitas vezes longe de casa e abrindo mão da própria família.

Parte desse trabalho comoditiza o trabalho de reprodução que antes era realizado sem remuneração. Mas se o efeito dessa comoditização turva a divisão histórica do capitalismo entre produção e reprodução, também é certo que essa consequência *não* emancipa as mulheres. Ao contrário, quase todas nós ainda somos obrigadas a trabalhar "o segundo turno" mesmo quando mais do nosso tempo e da nossa energia é apropriado pelo capital. E, claro, muito do trabalho assalariado feminino decididamente *não é* libertador. Precário e mal remunerado, sem oferecer acesso a direitos trabalhistas ou benefícios sociais, não é suficiente para pagar por autonomia, autorrealização ou oportunidade de adquirir e exercitar habilidades. Em contrapartida, o que esse trabalho oferece *de fato* é a vulnerabilidade ao abuso e ao assédio.

Igualmente importante, os salários que recebemos nesse regime são muitas vezes insuficientes para cobrir os custos de nossa própria reprodução social, quanto mais aquele de nossas famílias. Acesso a remuneração por outro membro da família ajuda, claro, mas ainda assim raramente é suficiente. Como resultado, muitas de nós somos obrigadas a trabalhar em múltiplos "McEmpregos" [*McJobs*], percorrendo longas distâncias entre eles em meios de transporte caros, deteriorados e inseguros. Em comparação com o período posterior à Segunda Guerra Mundial, o número de horas de trabalho assalariado por família disparou, reduzindo profundamente o tempo disponível para nos recarregarmos, cuidarmos de nossa família e nossas amizades, zelar por nossa casa e nossa comunidade.

Longe de inaugurar uma utopia feminista, portanto, o capitalismo neoliberal, na verdade, generaliza a exploração. Não apenas homens, mas também mulheres, agora são forçados a vender sua força de trabalho de modo fragmentado – e barato – a fim de sobreviver. E isso não é tudo: a exploração, hoje, se sobrepõe à expropriação. Recusando-se a pagar os custos da própria (e cada vez mais feminizada) força de trabalho, o capital não está mais satisfeito em se apropriar "apenas" do mais-valor que trabalhadores e trabalhadoras produzem além dos próprios meios de subsistência. Além disso, ele agora treina o corpo, a mente e a família daqueles que explora, extraindo não apenas as energias excedentes, mas também aquelas que seriam necessárias para a reposição. Escavando as reservas da reprodução social como fonte adicional de lucro, ele rói até nossos ossos.

A investida do capital contra a reprodução social também prossegue por meio da retração dos serviços sociais públicos. Na fase anterior do desenvolvimento capitalista, social-democrata (ou administrada pelo Estado), as classes trabalhadoras dos países ricos obtiveram algumas concessões do capital na forma de apoio estatal à reprodução social: pensões, seguro-desemprego, salário-família, educação pública gratuita e seguro-saúde. O resultado, entretanto, não foi uma era dourada; os ganhos conquistados por trabalhadoras e trabalhadores de etnicidade majoritária no cerne capitalista baseavam-se na suposição muitas vezes oposta aos fatos da dependência das mulheres por meio da renda familiar, nas exclusões da seguridade social baseada em raça/etnia, no critério heteronormativo de elegibilidade para a assistência social e na expropriação imperial em curso no "Terceiro Mundo". Ainda assim, essas concessões ofereciam para algumas pessoas proteção parcial contra a tendência inerente ao capital de canibalizar a produção social.

O capitalismo neoliberal, financeirizado, é algo completamente diferente. Longe de empoderar os Estados para estabilizar a reprodução social por meio de provisões públicas, ele autoriza o capital financeiro a disciplinar Estados e povos nos interesses imediatos dos investidores privados. Sua arma preferida é a dívida. O capital financeiro vive da *dívida pública*, à qual usa para tornar ilegal até as formas mais brandas de provisão social-democrata, obrigando Estados a liberalizar suas economias, abrir seus mercados e impor "austeridade" às populações indefesas. Ao mesmo tempo, amplia o *endividamento do consumidor* – das hipotecas de risco aos cartões de crédito e empréstimos estudantis, dos créditos consignados ao microcrédito –, o qual usa para disciplinar camponeses e trabalhadores, para mantê-los subservientes à terra e ao emprego e para garantir que continuarão a comprar sementes geneticamente modificadas e bens de consumo baratos a níveis muito acima daqueles que seus baixos salários permitiriam de outra maneira. Das duas formas, o regime acentua a contradição inerente ao capitalismo entre o imperativo da acumulação e os requisitos da reprodução social. Exigindo, ao mesmo tempo, um aumento na jornada de trabalho e a redução dos serviços públicos, o capitalismo exterioriza o trabalho de cuidado sobre as famílias e as comunidades enquanto reduz a capacidade de executá-lo.

O resultado é uma mistura insana, especialmente por parte das mulheres, a forçar as responsabilidades de reprodução social a adentrar os interstícios das vidas que o capital exige que sejam dedicadas, sobretudo, a sua acumulação. Em geral, isso significa descarregar o trabalho de cuidado sobre outros menos privilegiados. A consequência é criar "cadeias globais de cuidado", à medida que aquelas pessoas que contam com os meios para isso contratam mulheres mais pobres, na maioria imigrantes e/ou membros de grupos racializados, para limpar suas casas e cuidar de suas crianças e seus entes idosos, enquanto elas mesmas realizam trabalhos mais lucrativos. No entanto, é claro, isso deixa as cuidadoras mal remuneradas lutando para cumprir as próprias responsabilidades domésticas e familiares, muitas vezes transferidas a outras mulheres ainda mais pobres que, por sua vez, devem fazer o mesmo – e assim indefinidamente, muitas vezes atravessando grandes distâncias.

Essa situação condiz com as estratégias definidas com base no gênero de Estados pós-coloniais endividados, que têm sido submetidos a "ajustes estruturais". Desesperados por recursos em moeda forte, alguns desses Estados promoveram ativamente a emigração de mulheres para realizar trabalho de cuidado remunerado no exterior visando às remessas, enquanto outros têm buscado investimentos estrangeiros diretos por meio da criação de zonas de processamento de exportações, muitas vezes em indústrias (como as têxteis e de montagem de eletrônicos) que preferem empregar trabalhadoras mal remuneradas, que são, então, submetidas a trabalho excessivo e violência sexual. Em ambos os casos, as capacidades de reprodução social são mais pressionadas. Longe de preencher a lacuna do cuidado, o efeito final é deslocá-la: das famílias mais ricas para as mais pobres, do Norte global para o Sul global. O resultado geral é uma nova, *dualizada*, organização da reprodução social, transformada em mercadoria para pessoas que podem pagar por ela e privatizada para aquelas que não podem, na medida em que algumas pessoas da segunda categoria fornecem o trabalho de cuidado em troca de (baixos) salários para as da primeira.

Tudo isso resulta no que algumas pessoas chamam de "crise do cuidado". Essa expressão, porém, pode induzir facilmente ao erro, já que, como argumentamos em nosso *Manifesto*, esta crise é *estrutural* – parte essencial da crise geral e mais ampla do capitalismo contemporâneo. Dada a severidade deste, não é de admirar que as lutas em torno da reprodução social tenham explodido nos anos recentes. As feministas do Norte muitas vezes descrevem seu enfoque como "equilíbrio entre família e trabalho". No entanto, as lutas em torno da reprodução social englobam muito mais – incluindo movimentos comunitários de base popular por habitação, assistência à saúde, segurança alimentar e uma renda básica incondicional; lutas pelos direitos de imigrantes, trabalhadoras e trabalhadores domésticos e servidores e servidoras públicos; campanhas pela sindicalização de quem trabalha no serviço social de clínicas para pessoas idosas, hospitais e centros infantis que visam ao lucro; e lutas por serviços públicos, como creches e assistência a pessoas idosas; por uma semana de trabalho mais curta e por um pagamento justo para as licenças-maternidade e paternidade. Tomadas em conjunto, essas reivindicações são equivalentes à demanda por uma forte reorganização da relação entre produção e reprodução: por arranjos sociais que priorizem a vida das pessoas e os vínculos sociais acima da produção para o lucro; por um mundo em que pessoas de todos os sexos, as nacionalidades, as sexualidades e as origens étnicas combinem as atividades de reprodução social com trabalho seguro, bem remunerado e livre de assédio.

A política do feminismo para os 99%

A análise anterior inspira o ponto político fundamental de nosso *Manifesto*: o feminismo deve estar à altura da atual crise.

Como dissemos, esta é uma crise que o capitalismo pode, na melhor das hipóteses, suplantar, mas não resolver. Uma solução verdadeira exige nada menos que uma forma totalmente nova de organização social.

Certamente, nosso *Manifesto* não prescreve os contornos precisos de uma alternativa, já que esta última deve emergir no curso da luta para criá-la. Algumas coisas, contudo, já estão claras. Em contraposição ao feminismo liberal, o sexismo não pode ser derrotado pela dominação de oportunidades iguais – nem, em contraposição ao liberalismo comum, pela reforma das leis. Na mesma linha, e com *respeito* às compreensões tradicionais do socialismo, uma ênfase exclusiva na exploração do trabalho assalariado não pode emancipar as mulheres – nem, aliás, as pessoas trabalhadoras de qualquer gênero. Também é necessário visar à instrumentalização do trabalho reprodutivo não assalariado pelo capital, ao qual, em todo caso, a exploração está vinculada. É necessário, na verdade, superar o vínculo, persistente no sistema, entre produção e reprodução, seu entrelaçamento de obtenção de lucro com produção de pessoas e sua subordinação da segunda à primeira. E isso significa abolir o sistema mais amplo que cria a simbiose entre elas.

Nosso *Manifesto* identifica o feminismo liberal como obstáculo crucial a esse projeto emancipatório. Essa corrente alcançou seu predomínio atual ao ter uma vida mais longa; na verdade, ao reverter o radicalismo feminista do período anterior. Este último originou-se nos anos 1970 na crista de uma forte onda de lutas anticoloniais contra a guerra, o racismo e o capitalismo. Participando de seu espírito revolucionário, questionou toda a base estrutural da ordem existente. No entanto, quando o radicalismo daquela época declinou, o que emergiu como hegemônico foi um feminismo despojado de aspirações utópicas, revolucionárias – um feminismo que refletia e acomodava a cultura política liberal dominante.

O feminismo liberal não é a história completa, claro. Combativas correntes feministas antirracistas e anticapitalistas continuaram a existir. As feministas negras produziram reveladoras análises sobre a intersecção entre a exploração de classe, o racismo e a opressão de gênero, e recentes teorias materialistas *queer* desvelaram importantes elos entre o capitalismo e a reificação opressiva de identidades sexuais. Coletivos militantes mantiveram seu duro, diário, trabalho de base, e o feminismo marxista agora passa por uma renovação. Mesmo assim, a ascensão do neoliberalismo transformou o contexto geral no qual as correntes radicais tiveram de operar, enfraquecendo todos os movimentos favoráveis à classe trabalhadora enquanto fortaleciam alternativas propícias às corporações – entre elas, o feminismo liberal.

Hoje, entretanto, a hegemonia do feminismo liberal começou a se desfazer, e uma nova onda de radicalismo feminista emergiu dos escombros. Como observamos em nosso *Manifesto*, a principal inovação dos movimentos atuais é a adoção e a reinvenção da greve. Ao fazer greves, as feministas assumiram uma forma de luta identificada com o movimento de trabalhadores e a remodelaram. Detendo não apenas o trabalho assalariado, mas também o trabalho (predominantemente) não remunerado de reprodução social, elas revelaram o papel fundamental deste último na sociedade capitalista. Ao tornar visível a força das mulheres, desafiaram a afirmação de sindicatos que se dizem "donos" da greve. Indicando não estarem dispostas a aceitar a ordem existente, as feministas grevistas vêm redemocratizando a luta trabalhista, reafirmando o que deveria ter sido óbvio: as greves pertencem à classe trabalhadora como um todo, não a uma de suas camadas parciais nem a organizações específicas.

Os efeitos potenciais são de longo alcance. Como observamos em nosso *Manifesto*, as greves feministas nos obrigam a repensar o que constitui a classe e o que vale como luta de classe. Karl Marx teorizou de forma memorável a classe trabalhadora como "classe universal". O que ele quis dizer foi que, ao lutar para superar a própria exploração e a própria dominação, a classe trabalhadora também estava desafiando o sistema social que oprime a esmagadora maioria da população do mundo e, com isso, fazendo avançar a causa da humanidade como tal. Seguidores e seguidoras de Marx, porém, nem sempre compreenderam que nem a classe trabalhadora nem a humanidade são uma entidade indiferenciada, homogênea, e que a universalidade não pode ser alcançada ignorando-se suas diferenças internas. Hoje ainda pagamos o preço por esses lapsos políticos e intelectuais. Enquanto neoliberais celebram com cinismo a "diversidade" a fim de embelezar as predações do capital, muitas alas da esquerda ainda recorrem à velha fórmula que defende que o que nos une é uma noção abstrata e homogênea de classe e que o feminismo e o antirracismo só podem nos dividir.

O que está se tornando cada vez mais claro, entretanto, é que o típico retrato do trabalhador militante como branco e do sexo masculino está extremamente defasado em relação ao momento – na verdade, desde o princípio ele nunca foi muito fiel. Como argumentamos em nosso *Manifesto*, a classe trabalhadora global de hoje compreende bilhões de mulheres, imigrantes e pessoas de grupos étnicos minoritários. Sua luta não é apenas no local de trabalho, mas também gira em torno da reprodução social, dos distúrbios pelo preço dos alimentos, centrais na Primavera Árabe, dos movimentos contra a gentrificação que ocuparam a praça Taksim em Istambul e das lutas contra a austeridade e em defesa da reprodução social que deram vida aos Indignados.

Nosso *Manifesto* rejeita as duas perspectivas: a do reducionismo de classe de esquerda, que entende a classe trabalhadora como uma abstração vazia, homogênea; e a neoliberal progressista, que celebra a diversidade em benefício próprio. Em vez disso, propusemos um universalismo que adquire sua forma e seu conteúdo a partir da multiplicidade de lutas vindas de baixo. Sem dúvida, diferenças, desigualdades e hierarquias que são inerentes às relações sociais capitalistas dão origem *de fato* a conflitos de interesse entre as pessoas oprimidas e exploradas. E, por si só, a proliferação de lutas fragmentárias não engendrará os tipos de aliança robustos, de ampla base, necessários para transformar a sociedade. Entretanto, essas alianças se tornarão impossíveis se não conseguirmos levar nossas diferenças a sério. Longe de propor apagá-las ou banalizá-las, nosso *Manifesto* defende que lutemos contra o uso de nossas diferenças como armas pelo capitalismo. O feminismo para os 99% encarna essa visão de universalismo: sempre em formação, sempre aberta à transformação e à contestação e sempre se consolidando novamente por meio da solidariedade.

O feminismo para os 99% é um feminismo anticapitalista inquieto – que não pode nunca se satisfazer com equivalência, até que tenhamos igualdade; nunca satisfeito com direitos legais, até que tenhamos justiça; e nunca satisfeito com a democracia, até que a liberdade individual seja ajustada na base da liberdade para todas as pessoas.

Sobre as autoras

Cinzia Arruzza é professora associada de filosofia na New School for Social Research, na cidade de Nova York. Ela é autora de *Dangerous Liaisons: The Marriages and Divorces of Marxism and Feminism* (Merlin Press, 2013) e de *A Wolf in the City: Tyranny and the Tyrant in Plato's Republic* (OUP, 2018). Foi uma das principais organizadoras da Greve Internacional das Mulheres nos Estados Unidos e integra o coletivo editorial da *Viewpoint Magazine*.

Tithi Bhattacharya é professora associada e diretora de estudos globais na Universidade de Purdue (Indiana, Estados Unidos). Ela é autora de *The Sentinels of Culture: Class, Education, and the Colonial Intellectual in Bengal* (OUP, 2005) e editora de *Mapping Social Reproduction Theory* (Pluto Press, 2017). Foi uma das principais organizadoras da Greve Internacional das Mulheres nos Estados Unidos e integra o coletivo editorial da *Viewpoint Magazine*.

Nancy Fraser é professora de filosofia e política na cadeira Henry and Louise A. Loeb da New School for Social Research, na cidade de Nova York. Ela é autora, entre outros, de *Fortunes of Feminism: From State-Managed Capitalism to Neoliberal Crisis* (Verso, 2013) e *Capitalism: A Conversation in Critical Theory* (Polity, 2018), escrito com Rahel Jaeggi, que será publicado pela Boitempo em 2019. Grande apoiadora da Greve Internacional das Mulheres, cunhou a frase "feminismo para os 99%".

Talíria Petrone é deputada federal eleita em 2018 pelo PSOL, professora de história licenciada da rede pública municipal de ensino do Rio de Janeiro, mestranda em serviço social na Universidade Federal Fluminense (Uff) com pesquisa sobre o papel das mulheres nas lutas urbanas. Foi eleita vereadora da cidade de Niterói, Rio de Janeiro, em 2016, com uma plataforma política feminista, LGBT, negra e popular.

Joênia Wapichana é deputada federal por Roraima, eleita em 2018. Pertence ao povo indígena Wapichana, comunidade indígena Truarú, do Estado de Roraima. Tem mestrado pela Universidade do Arizona, nos Estados Unidos, que cursou com uma bolsa da fundação Fullbright. Formada em direito pela Universidade Federal de Roraima, em 1997, é considerada a primeira mulher indígena graduada em direito e a exercer a profissão em favor dos povos indígenas. Coordenou o departamento jurídico do Conselho Indígena de Roraima (CIR) de 1999 a 2018. Em 2018 recebeu o Prêmio das Nações Unidas de Direitos Humanos.

Peça de divulgação da Paralisação Internacional das Mulheres (8M) do 8 de Março de 2018 no Brasil.

Publicado em diversos países por ocasião do 8 de Março de 2019, Dia Internacional da Mulher – que, desde 2017, tem sido celebrado com uma greve internacional militante convocada pelas autoras deste manifesto junto com outras intelectuais e ativistas, como Angela Davis, Keeanga-Yamahtta Taylor, Linda Martín Alcoff e Rasmea Yousef Odeh –, este livro foi composto em Adobe Garamond Pro, corpo 12/18, e reimpresso em papel Pólen Soft 80 g/m², pela gráfica Rettec, para a Boitempo, em janeiro de 2022, com tiragem de 3 mil exemplares.